CONTRIBUTION A L'ÉTUDE

DE

LA FOLIE

CHEZ LES SPIRITES

PAR

Le Docteur Paul DUHEM

PARIS

G. STEINHEIL, ÉDITEUR

2, RUE CASIMIR-DELAVIGNE, 2

1904

CONTRIBUTION A L'ÉTUDE

DE

LA FOLIE

CHEZ LES SPIRITES

PAR

Le Docteur Paul DUHEM

PARIS

G. STEINHEIL, ÉDITEUR

2, RUE CASIMIR-DELAVIGNE, 2

—

1904

AVANT-PROPOS

Il y a longtemps déjà que, séduit par l'attrait qu'exercent sur la nature humaine les phénomènes qui relèvent du merveilleux, je me proposais d'inaugurer ma carrière médicale par un travail sur les troubles mentaux qu'engendrent les pratiques spirites. Je fus donc très heureux et en même temps très honoré que M. le professeur Joffroy voulût bien accepter la présidence de ma thèse sur ce sujet. Aussi, est-ce un devoir pour moi, que de lui adresser ici mes plus sincères remerciements, aussi bien que de lui exprimer ma plus profonde reconnaissance pour la sollicitude qu'il m'a toujours témoignée, les excellents conseils qu'il m'a donnés et les services qu'il m'a rendus.

Tous les maîtres qui ont dirigé mon enseignement médical ont également droit à ma reconnaissance : A Lyon, le regretté professeur Ollier dont je ne saurais trop honorer la mémoire, MM. les Drs Bouveret et Teissier ; et à Paris, M. le professeur Brissaud à l'Hôtel-Dieu, M. le Dr Bar à Saint-Antoine, ainsi que le Dr Vigouroux à l'asile de Vaucluse ; tous ont été pour moi moins des chefs que des amis ! Que n'ai-je toujours suivi leurs conseils !

Pendant tout le temps de mon internat à la maison Esquirol, M. le Dr Dheur n'a cessé de me témoigner une cordiale sympathie, et de me prodiguer les conseils résultant d'une sagace observation et d'un grand sens clinique. Il sait que je conserverai de lui, ainsi que des Drs Moreau de Tours et Gilbert Ballet un excellent souvenir.

Ma tâche, dans l'étude des troubles mentaux chez les spirites, a été singulièrement facilitée par les travaux qui ont vu le jour à la Société médico-psychologique pendant l'année qui vient de s'écouler. Plusieurs observations que je n'ai eu qu'à recueillir y ont été présentées et discutées par les Drs G. Ballet, Lheur et Monnier-Vinard. En outre M. le professeur Joffroy m'a fait bénéficier de deux toutes récentes cliniques sur des cas analogues. Enfin M. le Dr Sollier, Mme le Dr A. Sollier et le Dr Boissier qui me font depuis peu de temps une petite place à côté d'eux au sanatorium de Boulogne-sur-Seine, contribuent pour une large part à l'édification de ce modeste travail. J'espère leur prouver ma reconnaissance autrement que par des paroles.

D'autres observations encore, données par M. le Dr Vigouroux ou procurées par lui à la Salpêtrière m'ont permis d'augmenter ce cadre malheureusement encore trop restreint. J'ai essayé de les réunir et de les grouper de manière à les faire rentrer dans un autre cadre plus connu de la pathologie mentale.

Je tiens à dire dès le début que je n'ai aucunement voulu faire œuvre de généralisation et étendre à tous les spirites — et ils sont nombreux — les quelques conclusions qu'ont pu me suggérer l'étude de cas pathologiques. Que l'état des malades dont j'ai recueilli les observations ne soit qu'une exagération de l'état ordinaire des médiums en général, c'est possible et même probable. Mais pour le prouver sans conteste, il aurait fallu d'autres exemples que ceux que je donne et avant tout un observateur d'une autorité et d'une expérience que je ne puis pas encore posséder. Je n'ai voulu examiner dans ce travail que les spirites *tels qu'on les voit dans les asiles ou dans les maisons de santé*, c'est-à-dire tels qu'ils sont au moment où les troubles profonds de leur intelligence ne peuvent plus faire de doute pour personne.

Examiner la nature de ces troubles, rechercher leur origine, expliquer leur développement graduel dans la mesure bien entendu des données actuelles de la science, enfin en tirer les conclusions possibles pour les faire rentrer dans tel ou tel type de délire systématisé connu, tel est mon but.

Pour ne pas m'attirer d'emblée le reproche d'être incomplet, je tiens à dire que même parmi les faits que l'on peut considérer *a priori* comme pathologiques, il en est cependant dont volontairement je ne parlerai pas. Tout est possible, dit Flournoy avec Shakespeare (1). Mais il ajoute immédiatement après avec Laplace : « Le poids des preuves doit être proportionné à l'étrangeté des faits. » C'est pourquoi, ne pouvant nier certains faits en vertu du premier principe, comme ces faits n'ont pas assez de preuves pour eux, en vertu du second, je n'en parlerai pas.

Je ne me lancerai pas non plus dans le domaine de la métaphysique, médecin, je me confinerai dans la pathologie, aimant mieux encore m'attirer le reproche d'être incomplet que mériter celui de m'être écarté de ma spécialité et d'avoir tiré des conclusions d'ordre extra-médical.

(1) « Il y a plus de choses au ciel et sur la terre, Horatio, que n'en rêve ta philosophie ! » (Hamlet, acte 1, scène 5), cité par Flournoy.

CHAPITRE PREMIER

Le spiritisme et le merveilleux.

Le spiritisme, qui compte actuellement un si grand nombre d'adeptes dans tous les pays civilisés, est cependant d'origine relativement récente.

Né au delà des mers dans un village de l'État de New-York (Hydesville) (1) il se propagea avec une très grande rapidité dans tous les Etats-Unis et ne tarda pas à franchir l'Atlantique.

Il fit d'abord son apparition à Brême en Allemagne vers 1852 et envahit la France par Bourges, Strasbourg et Paris en 1853.

Cela devint une véritable passion à la mode. Et, après la publication de Guillard : « Table qui danse et table qui répond », on ne causa plus d'autre chose dans les salons parisiens. C'étaient de longues dissertations sur les fluides ; parmi les adeptes de la nouvelle doctrine, les uns avaient du fluide, les autres n'en avaient pas ; les premiers s'enorgueillissaient et triomphaient, les seconds, au contraire, s'humiliaient.

Cette nouvelle forme du Merveilleux avait enthousiasmé tout le monde, et tel qui jetait l'anathème sur une tireuse de

(1) Voir pour l'historique du spiritisme : P. JANET, *L'automatisme psychologique* (Bibliothèque de philos. contemporaine), Paris, Alcan, 2ᵉ édit., 1894 et GRASSET, *Le spiritisme devant la science*, Paris, Masson, éd. 1904.

cartes, s'attablait des soirées entières après un guéridon concentrant tout son esprit et toute sa volonté pour faire descendre dans la table l'esprit révélateur.

Une sorte de lien mystique unissait tous ces adeptes, tous s'aimaient, et étaient animés d'une sainte indignation contre les esprits forts qui ne tombaient pas en vénération devant cette suprême manifestation du surnaturel.

Certaines personnes étaient douées d'une disposition spéciale pour obtenir les communications dans les tables. Avec elles on remarqua bien vite que les expériences réussissaient beaucoup mieux, on les appela des médiums, voulant bien indiquer par cette appellation que ces personnes servaient d'intermédiaire entre les esprits et le brave commun des mortels.

Les expériences se multipliant, les médiums se mirent à opérer seuls, ils s'aperçurent qu'ils pouvaient écrire sans le concours de leur volonté des choses qu'ils ignoraient et qu'ils étaient tout surpris de lire ensuite.

Des différenciations ne tardèrent pas à s'établir parmi ces médiums, les uns écrivaient, d'autres dessinaient, d'autres parlaient, d'autres gesticulaient, d'autres se contentaient d'écrire les communications d'en haut, ou d'en bas suivant les cas, par le primitif moyen des coups de pied de la table. C'étaient les médiums typtologues.

La contagion gagna le monde des lettres et même des sciences, les plus grands esprits de la terre étaient alors évoqués et mettaient d'ailleurs une excellente bonne volonté à se produire. « Galilée y coudoyait saint Paul, et Voltaire se réconciliait avec Jeanne d'Arc. »

Un ancien teneur de livres, ou vendeur de contre-marques

(on ne sait plus au juste) du nom de Rivail écrivit sous l'inspiration et même la dictée de Victorien Sardou (nous ne tenons pas cela de mauvaises langues) le « Livre des esprits » qu'il signa du nom pompeux d'Allan Kardec. Il y expose la *philosophie spiritualiste*, s'il vous plaît ; d'après l'enseignement donné par les esprits eux-mêmes à l'aide de divers médiums.

Des phénomènes plus troublants apparurent bientôt, phénomènes de matérialisation, mouvements d'objets auxquels personne n'avait touché, crayons écrivant tout seuls, phénomènes d'apparitions de toute nature, etc.

A cette époque Crookes étudie son fameux médium ; plus tard Lombroso et Richet expérimentent sur Eusapia Paladino.

Albert Coste a décrit tout cela dans son livre et bien d'autres choses encore (1).

Et ainsi le spiritisme gagne et gagne toujours, il sert de champ d'exploitation à d'habiles charlatans.

Les adeptes sont de plus en plus nombreux ; actuellement il y en a plus de trente-cinq mille rien qu'à Paris ; ils ont leurs réunions, leurs journaux, leurs livres, leurs sociétés savantes. Selon les uns le spiritisme est une science, selon les autres, beaucoup plus nombreux, c'est une religion avec ses pontifes et ses temples. Et, fait beaucoup plus grave, il commence à détraquer les cerveaux et à fournir un certain contingent aux maisons de santé et aux asiles... Et il n'a guère plus d'un demi-siècle d'existence ! « Une des particularités vraiment remarquables du temps où nous vivons, dit Geor-

---

(1) ALBERT COSTE, *Les phénomènes psychiques occultes*, Montpellier, Coulet, 1894.

ges Vitoux (1), c'est le succès remporté dans le monde par tout ce qui a trait au surnaturel.

« Le merveilleux, mis à la mode il y a quelques années en dépit du septicisme ambiant, continue de hanter quantité d'esprits, si bien que les clients du mystère deviennent chaque jour plus nombreux. »

Tel n'est cependant pas notre avis. Il est incontestable que le spiritisme a fait d'innombrables adeptes. Mais s'agit-il là d'une particularité spéciale à notre époque? Nous ne le croyons pas. Quelle que soit la période de l'histoire que l'on envisage, on constate facilement que la passion du merveilleux n'a jamais cessé d'exister au fond de l'âme humaine.

Thèbes et Memphis, aux temps les plus reculés de l'histoire égyptienne, possédaient des sanctuaires célèbres dans le mystère desquels on ne pouvait être admis qu'après avoir triomphé d'épreuves terribles, couronnement d'une initiation longue et rigoureuse. C'était l'époque des mystères d'Isis avec le sphinx pour symbole, et les clefs du Tarot du livre de Thot pour enseignement. Les prêtres égyptiens accomplissaient de véritables prodiges probablement à cause de leur connaissance profonde des procédés physiques et chimiques, inconnus de leur public; ils étaient réputés pour être des hommes de la plus haute science et de la plus grande sagesse (2). L'auteur de la Genèse, Moïse, qui à la tête du peuple hébreu accomplit tant de merveilles, avait été élevé par des prêtres égyptiens et avait victorieusement passé par tous les degrés de l'initiation hiératique (3). Tous les anciens peuples

(1) GEORGES VITOUX, *Les coulisses de l'au-delà*, Paris, Chamuel.
(2) Voy. SALVERTE, *Des sciences occultes*.
(3) Voy. EDOUARD SCHURÉ, *Les grands initiés*.

de l'Asie Mineure du reste : hébreux à la suite de leurs rois et de leurs prophètes, Philistins et Babyloniens à la remorque des prêtres de Dagon et de Bal furent des adeptes absolument convaincus du merveilleux.

Plus tard, dans le temple de Delphes, les Grecs se prosternèrent devant les contorsions de la pythie, prêtresse d'Apollon !

Et ainsi de suite ; cette passion, nous dirions mieux ce besoin de l'âme humaine se retrouve à la base de toutes les religions.

Le Moyen Age, période de foi naïve et de mysticisme s'il en fut, fut une des époques les plus riches en merveilleux. Quel est le pays qui n'a gardé ses légendes d'apparitions plus ou moins fantastiques dans de vieilles tours ? Korrigans, fantômes, nains, gnômes et démons de toute nature hantent l'imagination populaire ; ce sont eux qui festoyent au sabbat avec les sorciers, sorcières et magiciens de toute sorte. Les alchimistes font flamboyer leur creuset la nuit en prononçant des incantations magiques à la recherche de la pierre philosophale et de l'élixir de longue vie. Combien de navigateurs se sont lancés sur les mers à la suite de Christophe Colomb à la recherche de l'Eldorado, terre paradisiaque mais pays de chimères.

Le merveilleux change de nom et d'aspect suivant les époques auxquelles il appartient. A mesure que la civilisation se développe il se dépouille des anciennes superstitions, mais c'est pour en adopter de nouvelles, et ce qui était la possession autrefois est aujourd'hui la médiumnité. Les esprits frappeurs ont remplacé Astaroth et Belzébuth, voilà tout. Si la science a fait des progrès, l'esprit humain lui n'a pas changé, et l'homme ensorcelé autrefois par les pratiques de l'envoûtement, guéri plus tard par le baquet de Mesmer, parle aujourd'hui sous l'inspiration des désincarnés et croit aux prédictions d'une Mlle Couesdon ou d'un médium spirite.

Le réalisme moderne qui met une sorte de point d'honneur à n'accorder sa croyance qu'à ce qui se voit, se mesure et se pèse, la science qui n'a cependant besoin de personne pour accomplir des prodiges, n'ont pu arriver à détruire la passion du merveilleux qui n'est au fond que l'héritage longuement accumulé des mages, des kabbalistes et des sorciers ; et comme le dit si spirituellement Emile Gauthier : « En vérité je vous le dis, au fur et à mesure que les dieux s'en vont, les esprits reviennent » (1).

Cette digression nous égare un peu. Cependant, avant d'aborder l'étude détaillée de nos observations de spirites plus ou moins aliénés, il nous reste une distinction assez importante à établir dans le groupe des sciences occultes ; distinction ne portant d'ailleurs que sur des théories, les idées donnant naissance au délire restant les mêmes.

En effet, à côté des adeptes du spiritisme, lequel on vient de le voir est de date relativement récente, existent un grand nombre d'autres partisans du merveilleux, dont les théories moins connues sans doute n'en sont cependant pas moins intéressantes à divers titres. Nous voulons parler des *occultistes* proprement dits dont la science est basée sur les profonds arcanes de la kabbale et qui font remonter leurs origines bien au delà de Moïse, au grand conquérant asiatique Ram, au prêtre égyptien Hermès, à Orphée, bref à un certain

---

(1) Préface de : *Les coulisses de l'au-delà*, de Georges Vitoux.

nombre d'intéressants personnages plus ou moins mythologiques sur l'existence desquels la science n'est elle-même pas très bien fixée. Il est vrai que pour les kabbalistes modernes la science officielle ne compte guère, et que tout ce qui ne cadre pas avec leur doctrine ésotérique est considéré par eux avec le plus profond mépris : « Ces bonzes de l'orthodoxie officielle, dit l'un de ces profonds esprits (1), dont l'emploi est de pontifier scientifiquement, l'œil clos à toute lueur suspecte d'hérésie, les oreilles bouchées à toute voix qui ne sonne point à l'unisson du concert académique. » Ce sont là des compliments peu flatteurs ; mais passons.

Il y aurait des volumes à écrire sur l'état mental des occultistes vrais et sur leurs ouvrages ; nous voulons simplement montrer ici la différence entre leur école et celle des spirites.

Au lieu de se baser sur l'observation de faits dont l'interprétation peut être fausse, cela nous le discuterons, les occultistes se basent sur une sorte de tradition secrète et se prétendent les dépositaires de la science des anciens mages, des alchimistes et des sorciers. Pour eux, il n'est pas de phénomènes inexplicables, ils comprennent tout, car tout est expliqué dans les livres anciens ; il suffit de savoir les lire. Leur but est le suivant : arriver à la connaissance de l'ÊTRE, de l'essence même du monde, pénétrer d'un seul coup d'œil les mystères insondables du naturel comme du surnaturel. Expliquer Dieu, comme le diable du reste, à l'aide d'une sorte de métaphysique qui n'est ni de la philosophie, ni de la religion ; et au fond de laquelle on ne trouve qu'une seule chose : une conviction délirante systématisée en une sorte de délire

(1) STANISLAS DE GUAITA, *La clef de la magie noire*, avant-propos, p. 73, Paris, Chamuel, 1897.

qui se rapproche du mysticisme. Ce sont des *Théosophes* et encore devrait-on mieux dire des *Théomanes*. En effet, si leurs prédécesseurs, sur les livres desquels ils appuient leur science, si les Jacob Bœhm, les Saint-Martin, les Swedenborg, les Fabre d'Olivet, les Eliphas Levi, les Saint-Yves d'Alveydre, ont été de véritables théosophes, leurs successeurs qui charlatanisent les grandes doctrines de leurs maîtres en des écoles payantes, plus ou moins borgnes, n'ont pas droit au même qualificatif. Leurs livres alambiqués et précieux sont loin d'atteindre l'envergure d'ouvrages comme les *Missions* du marquis de Saint-Yves ou *la Langue hébraïque reconstituée* et l'*Histoire philosophique du genre humain* de Fabre d'Olivet.

Et cependant ils ont des visées ambitieuses : « La science ésotérique, dit Stanislas de Guaita, l'un des princes de cette science théosophique fin de siècle qu'est l'occultisme, nous propose un triple objet d'études : la nature naturante, la nature psychique et volitive (l'homme) et la nature naturée. L'on est convenu de dire en termes moins exacts mais aussi moins abstraits : Dieu, l'homme et l'univers » (1).

Heureusement qu'il y a cette dernière phrase explicative !

Tous ces adeptes de l'ésotérisme, de l'occultisme, de la philosophie hermétique ou de la kabbale, qu'on les appelle comme on voudra, sont très nombreux, — le merveilleux attire toujours. — Ils ont des professeurs, des écoles et des élèves. Rue de Savoie, nº 4, on fait des cours sur la « nature naturante ». Dans une salle toute remplie de figures symboliques parmi lesquelles on remarque au fond une sorte de sphinx

---

(1) De Guaita, *loc. cit.*, p. 79.

d'Égypte, un alphabet hébreu, des instruments bizarres, le mot IEVE en caractères hébraïques (c'est ce que les occultistes appellent le grand tétragramme sacré figurant et expliquant les attributs de Dieu) ; et, présidant dans ce cénacle plutôt bizarre, le Dr Papus, directeur de l'école d'occultisme, enseigne les merveilles du « Plan Divin ». Il y a d'autres professeurs, nous y avons par exemple entendu une fois un cours de physique sur les lois du pendule, suivi de considérations théologiques découlant de ces lois. C'était très intéressant !

Si ces quelques lignes pouvaient faire comprendre le véritable caractère de l'occultisme, on ne serait plus étonné du tout des objections qui s'élevèrent de toute part contre le professeur Grasset quand il essaya d'expliquer les doctrines spirites par l'analyse d'un livre de Papus. Le savant clinicien de Montpellier y a d'ailleurs parfaitement répondu en disant qu'il ne cherchait pas à interpréter des théories mais des faits dont l'existence était elle-même problématique. On ne sera pas étonné non plus qu'un occultiste de marque traite de « billevesées extravagantes d'un Allan Kardec » le « livre des Esprits ».

Et cependant que ce soient les sciences spirites ou les sciences occultes, nous pensons comme le professeur Grasset. Ce n'est qu'une question de mots. Quelle différence en effet entre les « esprits » des spirites et les « indigènes de l'Astral » des occultistes ; entre leur corps astral lui-même et l'âme fluidique du médium ? Au fond il s'agit des mêmes faits ; les mêmes troubles président à leur genèse, ce sont, nous le verrons plus tard, les dédoublements de la personnalité, et les mêmes conséquences aussi résultent de leurs croyances.

Occultistes et spirites sombrent quand ils vont trop loin dans le délire mystique, auquel ils veulent donner chacun de leur côté une explication différente. Les premiers sont sûrement plus érudits, nous n'en doutons pas, aussi leur délire est-il souvent plus compliqué, quand toutefois ils ne se servent pas de ces théories étranges et ridicules pour exploiter une foule de badauds et vivre à leurs dépens comme les plus vulgaires charlatans et les plus fallacieux fumistes. Et ce que nous avons vu et lu nous a paru tellement fantasmagorique que nous ne sommes pas éloigné de croire que la grande majorité de ces soi-disant mages modernes rentrent dans cette dernière catégorie.

CHAPITRE II

Observations.

Obs. I (MM. les docteurs Sollier et Boissier). — *Phénomènes hallucinatoires verbaux, psycho-moteurs, typtologiques et graphomoteurs. Spécialités medianimiques diverses. Tables tournantes, typtologie mentale intérieure, messages écrits et parlés, dessins, révélations inspirées, adoption d'un esprit téléologique. Apostolat, mission morale réformatrice. Tendances mystiques. Théomanie raisonnante.*

L'histoire de la malade peut se diviser en deux phases principales ; l'une comprenant la période antérieure à son entrée en traitement et son premier séjour au Sanatorium de Boulogne ; l'autre correspondant au temps écoulé après sa sortie et à son second séjour dans l'établissement. Elaboré dans la première phase, le système délirant s'est développé et précisé dans la seconde pour s'atténuer dans la suite.

1ʳᵉ Phase. — *Rêverie et distraction.* — Mme Cam... Stein (nom que nous lui supposerons pour la commodité de l'exposition) est âgée de trente-six ans, son intelligence générale paraît brillante au premier abord quoique plutôt médiocre en réalité. Sa famille appartient à l'orthodoxie israélite, la religion n'a cependant occupé qu'une place minime dans son éducation. Son enfance se serait passée grise et peu caressée auprès d'un père aimant le faste et le luxe, nerveux, et qu'elle a à peine connu, de sœurs plus âgées qu'elle, et d'une mère au caractère sec avec qui elle ne sympathisait pas. Le naturel terne et positif de cet entourage choquait ses aspirations vers un idéal encore vague. Pour échapper à cette ambiance qu'elle jugeait indigne d'elle, Cam... prenait l'habitude de se bercer dans des romans éthérés, dont elle était naturellement le principal personnage. Absorbée dans ses lointaines rêveries, elle préparait graduellement son cerveau au travail automatique et aux fantaisies délirantes qui caractérisent son état psychique actuel. Sa pensée était toujours absente : elle était selon sa propre expression, « follement distraite », ce dont on la plaisantait en disant : « Mlle Cam... est sortie. »

A cette époque de sa vie elle entendit parler de spiritisme par un de ses oncles, adepte convaincu. Ces propos l'intéressèrent, mais elle n'assista jamais à aucune séance ; son oncle mourut, et elle ne revint pas de longtemps sur ce sujet.

Toujours lasse de son milieu, et toujours plus sentimentale, Cam... crut réaliser ses rêves en acceptant un mari qu'elle revêtait d'avance de tous les attributs poétiques et chevaleresques qu'elle désirait lui voir. Mais, plus occupé de ses affaires que d'idéal, celui-ci parut bientôt lamentablement terre à terre. Elle se trouva la plus incomprise, la plus isolée, la plus malheureuse des créatures ! Elle prit une grande pitié pour elle-même. Roulant ses déceptions dans sa pensée, elle commença à orienter ses interminables méditations vers l'espoir d'un monde meilleur dans sa vie future et s'abîma dans des préoccupations d'ordre métaphysique. Associant à sa propre souffrance celle de l'humanité, elle donna aussi une couleur philanthropique aux songes dans lesquels elle se réfugiait à la fois contre de vifs besoins sexuels insuffisamment satisfaits et contre la « vulgarité d'un époux incapable, disait-elle, de partager l'élévation de son âme et de sa tendresse ». Elle songea à la religion qu'elle connaissait mal et essaya de prier.

Premières hallucinations, auditions d'esprits. — Ainsi confinée en elle-même, au plus fort de son amertume, Cam... commença à entendre « une voix très douce qui parlait dans sa poitrine ». Elle l'entendit pour la première fois un jour qu'elle était restée très troublée après une scène avec son mari. C'était une voix très tendrement encourageante, qui lui promettait des compensations et des satisfactions dans la suite des temps : « J'ai tout de suite senti, dit-elle, que ce n'était pas la voix de ma conscience ; c'était bien quelque chose de tout à fait étranger à moi. » Plus les rapports du ménage devenaient difficiles, plus la voix devenait pressante et nette ; mais Cam... ne savait à qui l'attribuer, quand un nouveau sujet de rancœur lui vint.

M. Stein, névropathe lui aussi, surmené par des soucis de négoce et très déprimé, dut se condamner à une continence absolue, ce qui accrut violemment les griefs de la malade toujours tourmentée par les exigences de ses sens. La voix plus affectueuse encore lui devint précieuse. Une saison à Royat mit alors Cam... en relation avec une dame qui avait fait tourner des tables et qui l'entretint de ce sujet. L'envie la prit aussitôt d'essayer toute seule de ce passe-temps ; un guéridon épela sous sa main le nom de son père. « Elle avait, dit-elle, toujours cru à l'occultisme. » Sa conviction se fortifia de cet événement qui lui donna fort à penser sur l'origine de sa voix, sans qu'elle la reconnut pourtant comme celle de son père et qui eut une grande influence sur la marche des phénomènes dans la suite. Au printemps 1901, l'état nerveux du ménage était précaire, celui de M. Stein surtout nécessita un séjour en Suisse. Cam... prodigua pour le soigner un zèle excessif, elle s'épuisa à son chevet en veilles superflues. La voix de l'esprit familier l'y suivit, elle la recherchait d'ailleurs ; la voix louait son abnégation en faveur d'un homme si peu méritant et approuvait les méditations d'ordre humanitaire et philosophique encore floues mais tenaces qui l'occupaient Cam... commençait déjà à noter un « recueil de ses pensées ». C'étaient des aphorismes sur la morale de l'amour et des sentiments en général ; elle songeait aussi à la possibilité d'améliorer la vie en luttant contre l'égoïsme et la méchanceté des hommes par la « fondation d'une religion basée sur la bonté ». Elle pensait à cela sans exaltation, seulement en femme qui a d'elle-même une haute opinion.

Confirmation du médianimisme, médiumnité parlante. — L'occasion se présenta à Cam... de révéler à son mari l'existence de cette voix dont elle n'avait jamais rien dit à personne ; celui-ci n'hésita pas à lui donner l'assurance que c'était bien réellement un esprit. Tandis qu'il allait s'améliorant, sa femme au contraire, déclinait. Elle fut prise de fatigue douloureuse avec insomnie, agitation, chaleur à la tête, angoisse, rêvasserie, etc. Elle dut s'aliter. M. Stein veilla à son tour sur elle. Un soir elle se leva en toilette de nuit, se dressa solennellement devant lui et le fit mettre à genoux. Elle lui imposa les mains et lui annonça qu'elle sentait que la voix allait parler. En effet, sans qu'elle sût d'avance ce qu'elle allait dire, « la voix parla par sa bouche à elle ». Ce fut une diatribe assez longue contre le pauvre homme qui fût accablé de reproches : « Je t'ai, dit la voix, donné cette femme si pure et si bonne, et tu n'as pas su lui donner le bonheur ; tu ne l'as jamais comprise, tu n'es qu'une brute, c'est une mésalliance pour elle, etc. »

M. Stein écouta religieusement, déjà certain de l'essence supranormale de la voix, en qui cette fois, à certains détails, il reconnut formellement celle de sa mère à lui, morte depuis quelques années. Ce fut un nouveau trait de lumière pour Cam... Elle avait connu sa belle-mère quelques mois seulement, mais elle l'admirait beaucoup et gardait d'elle une grande impression.

Adoption d'un esprit téléologique. — La malade était donc fixée enfin sur l'idée de son consolateur. Dans l'état d'éréthisme nerveux où elle était, elle sentait toujours sa belle-mère présente ; il lui suffisait de la désirer pour l'évoquer. Elle le faisait d'ailleurs à chaque instant à l'instigation de son mari, qui lui reprochait à l'occasion de manquer de foi, s'il croyait surprendre quelque tiédeur dans sa conviction, et qui se plaisait à consulter aussi l'esprit de sa mère. Cette hallucination était calmante, modératrice, apaisante ; elle se manifestait dans les mauvais moments auxquels ses promesses semblaient apporter un baume. Elle était de bon conseil, et recommandait la femme à l'affection du mari. Elle constitua le premier personnage téléologique, auquel un autre esprit-guide s'ajoutera bientôt, sans cependant que la belle-mère passée au second plan, disparaisse jamais tout à fait.

Vision. — L'état nerveux de Cam... s'aggrava encore, elle devint plus agitée, plus absorbée. Un soir, elle sentit un trouble plus profond et vit une grande lumière se faire devant elle. Dans cette lueur, Dieu lui apparut très nettement, entouré de divers personnages d'essence divine qui semblaient réunis en conseil. Dieu lui adressa la parole en un langage amical, et lui dit qu'il s'appellerait pour elle *Rarahu*. A ce moment, elle sentit s'accentuer son sentiment de défaillance, il lui sembla que sa vie s'en allait, qu'elle s'éteignait complètement dans un immense désir de mourir ; mais Rarahu lui « ordonna de vivre » ; il lui déclara qu'il pouvait l'emmener avec lui dans l'Olympe, mais qu'il voulait la laisser sur la terre pour y accomplir sa mission en y propageant la charité et la bonté. L'apparition s'évanouit, la malade éprouva alors la sensation d'une « violente déchirure dans le front ». Ce fut si douloureux qu'elle craignit pendant plusieurs jours d'avoir une lésion au cerveau. Elle demeura quelque temps abattue, et n'eut jamais d'autres hallucinations de la vue. Mais la voix de Rarahu persista, tendant à se produire plus spontanément que celle de la belle-mère qui était pourtant souvent évoquée, le mari aidant. Quelques autres voix s'étaient manifestées à la suite de la vision, mais elles avaient vite disparu. D'ailleurs une amélioration générale se dessinait, les deux voix principales elles-mêmes devenaient plus discrètes. Il fallut bientôt un appel recueilli pour les avoir. Le calme augmenta de jour en jour. L'ensemble de ces accidents aigus et de leur convalescence avait duré quarante jours. Le ménage Stein rentra à Paris, et Cam... demanda, pour achever sa guérison, à entrer au Sanatorium où elle arriva le 9 juillet 1901.

Amélioration et dissimulation des phénomènes délirants, ambitions philanthropiques et littéraires. — Préoccupations érotiques. — A ce moment là, Cam... se présente comme une malade en pleine dépression neurasthénique avec angoisse et malaise nerveux, sans que rien ne puisse faire supposer autre chose chez elle. Elle dissimule en effet, avec une persévérance et un succès complet, tout ce qui reste de son délire et tout ce qui l'a constitué jusqu'alors. Elle a de la céphalée, des crises de larmes, une fatigue précoce et douloureuse au moindre effort, des troubles vaso-moteurs, de la tachycardie, de l'insomnie et un éréthisme génital qui la gêne beaucoup. Elle est triste et découragée. L'isolement, le repos au lit avec l'appui d'un traitement moral soutenu la relèvent un peu. Cette amélioration se fait par oscillations successives. Elle parle abondamment de ses projets d'avenir et se laisse aller librement aux fantaisies de son imagination dont l'amour et la piété constituent les matériaux. Elle voudrait trouver un homme qui sut l'aimer selon ses sentiments à elle, mais cet amour terrestre l'effraie, car elle ne peut pas le concilier avec la « pureté » qui doit rester son apanage et qui est la condition de sa mission. D'autre part, grâce à l'instabilité psychasténique de sa mémoire, l'image mentale de son mari s'est effacée, elle l'a reconstitué conforme à ses rêves, elle lui écrit pour le dresser selon son modèle. Mais les réponses ont beau être empreintes de toute la tendresse exigée, la seule vue de l'écriture de M. Stein, comme ses premières visites suffirent à ramener tous les malaises momentanément. Les indécisions recommencèrent entre l'amour et la pureté sacrée. Les choses s'arrangent enfin, les visites du mari sont bien supportées et même désirées. Les perplexités érotiques font place à de longues dissertations sur l'amour. Cam..., espère se créer une existence de tendresse amoureuse au sein d'un milieu littéraire qu'elle veut grouper autour d'elle, tout en exerçant son prosélytisme religieux. Elle a repris le manuscrit déjà assez touffu de ses pensées, et elle y ajoute de nouvelles maximes. Elle n'aime pas qu'on traite de simple passe-temps cette occupation ; elle a la prétention de faire ainsi une œuvre importante dont le public devra s'émouvoir et qui lui fera une place dans les belles-lettres. Elle discute la valeur des religions, repousse le judaïsme qui ne répond plus aux élans charitables et mystiques de son âme. Elle veut même améliorer le christianisme. Elle jette sur le papier les premières bases de la religion, de la bonté et en compose un article de journal. Très préoccupée de sa beauté, elle drape sa robe, met une fleur dans ses cheveux, est calme et digne avec les autres malades. Dans sa chambre elle lit des romans et prie, sauf quelques inégalités de caractère, elle fait l'impression d'une personne à peu près normale et reprend peu à peu la vie ordinaire. Pendant tout le temps elle n'a parlé à personne de ses communications avec les esprits, et quoique soupçonnant des phénomènes hallucinatoires, nous n'avons jamais pu provoquer des aveux en ce sens. Elle parlait quelquefois de son voyage en Suisse, regrettant son « état nerveux grave » et disait avoir beaucoup souffert de ce qu'elle appelait : « sa fièvre cérébrale ». Ce n'est que bien plus tard que nous avons eu connaissance des faits qui s'étaient produits et qui avaient continué en cachette au Sanatorium.

2ᵉ Phase. — *Reprise des phénomènes spirites.* — *Tables tournantes, auditions, révélations diverses.* — Arrivée dans le sud-ouest au commencement de 1903, après quelques jours d'équilibre apparent pendant lesquels elle put faire venir sa fille auprès d'elle, Cam... privée d'une direction suffisante et livrée à la crédulité de son mari, se laissa peu à peu glisser sur la pente où elle devait reprendre ses diverses « facultés médianimiques ». M. Stein ne demandait qu'à consulter sa mère, Cam... aimait entendre celle-ci louer ses « hautes vertus » et blâmer la frigidité de son mari ; elle regrettait aussi la voix de Raralıu et de temps en temps, elle se recueillait et s'efforçait de l'évoquer, « pour voir s'il était encore à la portée de son appel ». Si la voix ne répondait pas, elle savait que la table parlerait et elle avait des envies terribles de faire tourner son guéridon. Elle céda.

Très versée à ce moment-là dans ses idées philanthropiques, rêvant de pacification universelle, elle appelait dans le guéridon les esprits des hommes qui se sont illustrés dans cet ordre d'activité. Elle réussit même à désincarner le Tsar Nicolas II qui vint dans les pieds du meuble approuver les projets de Cam... Jésus-Christ y vint aussi. Ce retour d'entraînement à l'automatisme ne tarda pas à remettre en action la « spécialité auditive » qui rendit la table moins nécessaire. M. Stein saluait et prodiguait des marques de respect quand un esprit se manifestait. Le ménage s'isolait en de longues séances pour s'entretenir avec les personnages évoqués ; Cam... se rappelant plus tard l'étrangeté de ces *a parte* en disait : « nous avions l'air de deux cabanons ». Malheureusement son exaltation s'en augmenta rapidement, l'insomnie reparut, ses nuits se passaient à méditer et à enregistrer les propos des esprits, elle essayait de les écrire, mais ils étaient quelquefois dictés avec une telle vélocité que sa main n'arrivait pas à les tracer en entier. Elle appelait son mari qui s'installait à son chevet pour écouter, il écrivait lui-même sous la dictée des désincarnés. La voix de Rarahu arrivait de nouveau spontanément, il était presque toujours là ; maintenant, se faisant l'interlocuteur principal, le guide attitré, mais il prenait son vrai nom *Deus*, dont il signait tous ses entretiens.

Révélations d'un système téléologique. — Révélations de mystères scientifiques. — Pendant ce nouvel intervalle d'activité cérébrale automatique, Cam... reçoit de Deus des quantités de révélations, toutes en rapport, naturellement, avec les tendances et l'état d'esprit actuels de la malade, préoccupée de connaître « l'au-delà », de causer des sujets scientifiques les plus mystérieux, de forcer l'admiration respectueuse du monde par l'élévation éthérée de sa personnalité, de le régénérer par la vulgarisation des principes de charité. Tandis que les autres esprits parlent surtout au moyen de la table, Deus, plus assidu, se manifeste plutôt en auditions verbales, psychiques, et psycho-motrices ou même grapho-motrices, « semi-mécaniques ». Il enseigne ainsi : « Qu'il y a un Dieu pour chaque système solaire, le nôtre est régi par *Neptune*. Neptune se manifeste quelquefois à Cam..., une voix sèche et brutale le caractérise. A un autre système solaire préside le Dieu Ian Zëus, c'est un Dieu sévère, austère et ascétique ; il intime quelquefois à Cam... des injonctions dures au sujet de ses devoirs et des sacrifices qu'elle doit consentir. Au-dessus de tous les dieux, plane et domine Deus, dieu du système solaire de Céphée, le plus grand, le plus noble, le plus parfait. Son nom signifie « *Idéal* », car Deus dérive de *Ideus* qui veut dire *Idée* et idée équivaut à « *Bonté-charité* ». Il a pris intimement pour elle seule, le nom de Rarahu dont il ne se sert presque plus maintenant. Les diverses divinités étaient celles qui entouraient Deus pendant l'apparition, en Suisse. Elles ont toutes compris les souffrances cruelles que Cam... éprouvait dans son cœur. Elles ont compati au défaut d'amour vrai, au besoin immense de tendresse qui la torturait. Saturne s'est offert à l'aimer, mais il exprimait son sentiment matériellement, comme un homme, en lui disant que l'amour est fugace, et qu'il faut saisir le moment qui passe. Elle l'a accepté sans sympathie et ne l'a pas recherché. Deus, au contraire, l'a conquise par un charme inexprimable ; il lui a tenu des propos enivrants en lui promettant d'être à jamais l'amant spirituel qui lui manque, et de lui révéler des choses surprenantes. Elle écrit en effet, en médium semi-mécanique des communications et des prédictions de découvertes astronomiques, physiologiques et médicales ; son mari les admire, il croit fermement à leur origine surnaturelle et en conserve précieusement les manuscrits. C'est un amalgame mal compris et mal assemblé, résultat de l'élaboration sub-consciente des lectures que nous lui avons vu faire pendant son premier séjour au Sanatorium. On y retrouve des réminiscences d'Uranie de Flammarion, de divers feuilletons scientifiques de journaux politiques et de conversations avec d'autres malades. M. Stein qui n'a pas vu ces livres ou ces articles entre les mains de sa femme, n'admet pas que ce soient des souvenirs non reconnus par elle, et il s'émerveille de ses facultés divinatoires. Cam... nie sincèrement n'avoir rien su antérieurement de tout cela ; ce qui est fort naturel, car au moment de ses acquisitions, elle était en plein état de psychasthénie et dans des conditions excellentes pour le passage de ses impressions dans la sphère subliminale, avec le minimum de réceptivité de sa mémoire normale. Deus dicte littéralement :

« Planètes. Elles sont habitées. Les lois de l'attraction univer-
« selle qui s'appliquent aux planètes ne s'*applique* (*sic*) pas à d'au-
« tres corps célestes.

« Molécules. Les molécules du corps humains sont toutes diffé-
« rentes les unes des autres. Chacune d'elles forme un être animé
« et elles sont toutes *pareils* (*sic*). Les êtres animés peuvent être
« engendrés par des réactions chimiques d'une façon générale.
« L'accouchement sera supprimé. Dans une réaction chimique
« quand une couleur se produit, elle se forme par la création de
« petits êtres, infiniment petits ayant cette couleur. Tous les

« êtres animés peuvent être créés par des réactions chimiques
« successives, ainsi naissent les spermatozoïdes ; l'amour physique
« sera supprimé !.... La vie existe dans tous les *reignes* de la na-
« ture, quand on sort l'écorce d'un arbre il souffre, quand un cris-
« tal est brisé il se clive et se régènère, il vit ; la sensibilité est
« proportionnelle à l'intelligence de chaque être.... »

Une quantité de confidences et de communications, en particulier pour les fonctions de l'œil et de l'oreille, lui sont faites
d'une façon analogue par Deus. Il lui donne entre autres, par
psychographie le moyen d'établir *un télescope à un millimètre
près* et lui en expose la disposition des lentilles. Elle en reparle
souvent en le désignant du nom de « mon télescope ». Le mari
admire toujours.

Mysticisme, mission kamienne, Erotisme. — Dans ses entretiens
avec les esprits il est aussi souvent question de ses souffrances,
toujours les mêmes. L'esprit de Jésus-Christ lui cite son propre
exemple, et l'exhorte à les supporter ; il l'assure que toutes ces tor-
tures sont purificatrices et la préparent à son apostolat. Elle pense en
effet, plus que jamais à répandre sa nouvelle religion. Son oncle,
l'ancien esprit, l'y encourage par le pied de la table. Deus, par un
message grapho-moteur, lui prescrit de désigner cette religion par
son prénom en prenant seulement la première syllabe. Ce sera
la religion kamienne. Deus l'écrit par un K, c'est plus solennel
que le simple C de son nom. Elle sera donc l'initiatrice du *Kamianisme*. Les kamiens seront pris dans toutes les confessions, épu-
rées pour la circonstance de tous les dogmes qui ne concourent
pas à la pure bonté. Pendant le mois d'octobre, Cam... s'exhalte
beaucoup en en parlant. Très peu d'hommes actuellement adultes
seront dignes de devenir de vrais kamiens, ils sont trop brutaux
et trop égoïstes. Seuls, les enfants, que l'on va pouvoir élever selon
les principes de la charité intégrale, deviendront de vrais fidèles.
La malade se recueille et prie longuement ; elle cherche les gens
pieux qui peuvent l'entourer et exhale des malédictions contre
les juifs et les protestants qui ne comprendront pas sa religion.
Elle tient des propos édifiants à une dame et à une jeune fille

dévotes et se sent poussée à leur dire « qu'elle a Dieu en elle » et que Jésus lui parle, mais elle n'ose pas ; elle consulte Deus en elle-même pour savoir ce qu'elle doit faire. C'est le Dieu ascétique très courroucé qui lui répond : « Tu dois le dire, dis-le. » Elle raconte alors ce qui lui arrive à ces deux personnes qui s'extasient et lui affirment qu'elle est en état de grâce, qu'elle devrait se faire baptiser. Un prêtre dont elle aime la conversation lui donne le même conseil et lui propose ses bons offices. Elle sort très peu, et lit beaucoup. Un jour qu'elle se repose avec plusieurs personnes devant l'hôtel où elle loge, un garçon éconduit un vagabond quémandeur ; elle s'indigne, rappelle le mendiant, lui fait l'aumône, et fait à l'assistance l'apologie de la bonté.

Toute cette exhaltation n'allait pas sans augmentation des malaises nerveux ; l'éréthisme génital redevenait particulièrement lancinant. Cam... reprenait son mari en grippe, et lui reprochait d'être indifférent, impuissant même. Elle se plaignait de mourir d'amour inassouvi. Sa femme de chambre la surprit un jour sur son lit, elle était nue et se livrait à l'onanisme ; elle gémissait et disait en pleurant « qu'elle succomberait, que la continence la tuait, qu'elle devait être hystérique et qu'on ne la soignait pas, qu'elle avait peur d'avoir une maladie de la matrice ».

Elle dut s'aliter encore, on fit venir sa belle-sœur de Paris pour la soigner. Mais à l'arrivée de cette parente et avant de l'avoir vue, Cam... prétendit qu'elle avait vu la nuit par clairvoyance télépathique, une lettre que celle-ci écrivait à M. Stein. Cette lettre était défavorable pour la malade, et la dénigrait auprès de son mari. Deus s'en mêlait et lui disait : « chasse ta belle-sœur, elle plaint ton mari, elle écrit que tu n'es pas pure. » Et elle mit sa belle-sœur à la porte de sa chambre. La nuit suivante elle divagua et délira tout haut, mais elle ne se rappelle pas avoir eu aucune vision. Elle eut encore comme en Suisse et comme à chacun de ses paroxysmes, le sentiment de quitter la terre, de sortir de la vie « dans une agonie très douce ». En même temps elle entendait la voix caressante de Deus qui l'appelait et voulait l'emmener vers les régions célestes. Elle aurait voulu se laisser aller, mais le Deus ascétique lui rappelait la mission karmienne qui exigeait qu'elle vécût. Un jour pourtant, elle crut devoir faire son testament. M. Stein partit, elle commença à aller mieux ; elle accepta les soins de sa belle-sœur. On profite d'une sérieuse amélioration pour la ramener à Paris, et elle entra de nouveau au Sanatorium le 31 octobre 1901.

Second séjour. — *Etat physique*. — A ce moment, Cam... est amaigrie : son teint est mat, pâle, un peu jaune, les traits sont tirés. Elle garde dans son lit une attitude hiératique, les cheveux étalés soigneusement sur son oreiller, les yeux brillants, l'air inspiré, le ton prédicant, elle incarne son rôle d'apôtre. Elle est constamment en communication avec les esprits et met autant d'insistance à nous faire part de ces phénomènes, qu'elle avait mis de soin à nous les cacher la première fois. Son état physique est mauvais, elle ne dort pas, l'appétit est nul, elle alterne entre la prostration et l'excitation avec angoisse et pleurs. Une contrariété légère, une lettre, une visite, ou même la représentation exacte de son mari en pensée seulement, augmentent ce malaise nerveux. Elle éprouve alors une céphalée frontale pénible avec serrement dans la poitrine, chaleur et sécheresse de la peau ; pouls contracté, tachycardie, troubles vaso-moteurs, bouffées congestives avec picotements au visage, surtout aux joues ; douleurs dans les jambes « comme si un fluide âcre envahissait les muscles » ; fourmillements dans les mains, excitation sexuelle avec contractions saccadées de la vulve, et quelquefois spasmes vénériens spontanés se produisant jusqu'à neuf fois par nuit. Cet inconvénient lui est particulièrement pénible, et elle demande du bromure de camphre pour y remédier. Détail à noter : chaque contrariété est suivie de coliques avec diarrhée. Il suffit qu'elle pense à son mari pour éprouver de vives douleurs dans les jambes, correspondant à une douleur pareille dans les joues. Si on lui frotte les jambes dans ces circonstances, elle a aussitôt mal aux joues, et d'autant plus fort que la friction des jambes est plus énergique. Elle sent mal ses membres quand elle ne les voit pas ; ils lui font quelquefois l'impression qu'ils ont changé de volume.

La sensibilité cutanée est diminuée par places. Cette hypoesthésie est irrégulièrement distribuée et varie souvent. Le sens stéréognostique est très altéré. L'automatisme bat son plein sous toutes ses formes. La mémoire des faits actuels est fugace, le souvenir des phénomènes hallucinatoires éprouvés dans des périodes semblables est au contraire très net.

L'ensemble du malaise, même les douleurs des jambes, s'amende facilement quand on tient à la malade des propos consolateurs et fermement encourageants ; elle est d'ailleurs très accessible à tout traitement moral efficacement dirigé. Dans ses mauvais intervalles les paroxysmes sont généralement marqués par ce qu'elle appelle « ses voix stridentes », des voix de mauvais esprits. Elles durent heureusement peu et s'effacent dès que l'anxiété diminue. Toutes les autres voix viennent aussi l'obséder à la fois, elle prévoit leur arrivée, elle les sent « qui font pression » dans sa tête avant d'éclater. Elle s'efforce de les chasser, et la lutte est pénible. La fin du malaise, et le prélude d'un calme au moins relatif sont marqués par le retour de la voix tutélaire de Deus ou par celle de la belle-mère qui reprennent peu à peu le dessus. Aussi sont-elles, surtout celle de Deus, appelées avec une ardente ferveur. Dans ces périodes de grande activité symptomatique, les voix inconnues, passagères, et les « voies stridentes » revêtent la forme d'hallucinations auditives ordinaires. Les voix familières conservent plutôt leur caractère psychique, ou psycho-moteur. En aucun cas elles ne parviennent du dehors, c'est dans la tête ou dans la poitrine qu'elles se font entendre. L'obsession des voix diminue progressivement avec la production de l'apaisement. Aux heures tranquilles, elles sont presque difficiles à obtenir volontairement ; il faut un certain effort de concentration cérébrale, le secours de la table est dans ce cas même quelquefois nécessaire.

Dessins médianimiques et messages psychographiques mécaniques et semi-mécaniques. — Au commencement de novembre 1901, après quelques jours de traitement et de repos complet, les grands malaises étaient suffisamment amendés, mais l'automatisme subsistait. Cam... a une envie permanente de prendre un guéridon pour causer avec ses esprits, mais elle est maintenue au lit et sait qu'on ne lui permet pas cette pratique. C'est avec son crayon qui ne la quitte pas qu'elle s'entretient avec l'au-delà en écrivant et en dessinant. Dans le Midi, au mois d'octobre elle a déjà obtenu un dessin médianimique avec un message. Ce graphique est constitué par un point noir arrondi très appuyé, duquel partent au hasard de gauche à droite des lignes sinueuses dont l'une, au milieu des autres, figure grossièrement un profil de tête d'homme. Elle l'a tracée les yeux fermés, machinalement, sans diriger sa main elle-même. Après l'avoir vu, elle a écrit, en message semi-mécanique, sous la dictée psycho-motrice, ce que les traits représentaient. C'est Deus lui-même son divin guide. Elle ne veut pas se séparer de ce dessin qu'elle conserve comme un précieux talisman ; mais elle nous a permis d'en prendre un calque. Elle vit maintenant le crayon à la main ; et au milieu des conversations de tout ordre que nous avons avec elle, Cam..., s'interrompt souvent, sa main exigeant qu'elle exécute des graphiques du même genre, presque tous accompagnés ou suivis d'une explication écrite. Ces figures et messages sont en rapport avec ses méditations sur les problèmes théologiques astronomiques et mystiques. Ce sont des représentations hyéroglyphiques et vagues de divinités et de constellations encore inconnues des hommes, ce sont encore des révélations sur l'élévation de son origine à elle, sur l'importance de sa mission, sur l'admiration et la tendresse incomparable qu'elle inspire à son protecteur céleste.

Tous les dessins de cette époque, combinaisons de lignes où dominent les courbes sinueuses rehaussées de points sont exécutés de la même manière, les points étant ajoutés les yeux fermés. Chacun d'eux reçoit son explication sous forme de message mécaniquement écrit. Tous représentent des constellations, des symboles divins ou des objets trouvés dans les astres. Un seul tout en étant constitué des mêmes éléments linéaires est interprété différemment. Il est inspiré et fait devant l'un de nous que la malade considère comme sceptique et qui par conséquent est exposé à la mauvaise humeur de Deus ou à ses sarcasmes ; aussi l'explication est-elle la suivante : « Un œuf de poule pondu dans de la m...de. » L'esprit est bien discourtois ; un autre médium plus expérimenté aurait attribué cette réponse aux esprits mystificateurs. Cam... se tirera de la même manière de ses mauvais pas quand elle sera mieux entraînée, pour le moment elle disculpe son protecteur en disant qu'il a voulu simplement se moquer de notre incrédulité. Un autre graphique analogue se complète du message que voici : « C'est une constellation près de Saturne plutôt « au Nord qu'au Sud et qu'on découvrira bientôt au moyen de ton « télescope (celui qu'elle a inventé dans le midi), on ne la voit pas « de la terre, elle est superbe d'éclat. »

D'autres sinuosités rehaussées de points sont définies, l'une « constellation d'Astor invisible de la terre », l'autre « épaves d'ossements de troglodytes trouvés dans Céphée ». Un autre dessin nous ramène parmi les divinités, c'est « Boutara, le Dieu issu du « soleil et de la terre et régissant le monde terrestre sous les ordres « de Neptune. Au-dessus de sa tête sont diverses régions inexplo- « rées de la terre dont on connaîtra par Cam... un jour les riches- « ses minières multiples. — Centre Afrique, pays de neige — pays « bleu —. »

C'est à ce moment que fut tentée une expérience particulière. Profitant de l'activité actuelle de l'automatisme de Cam... l'un de nous lui demanda de tracer, les yeux clos, une ligne longue et repliée sur elle-même en sinuosités compliquées, et de revenir du point terminal de la ligne au point initial en suivant les mêmes sinuosités. Le résultat fut obtenu presqu'exactement sans la moindre difficulté. La seconde partie de l'expérience devait avoir lieu assez longtemps après, alors que l'automatisme serait fortement diminué. Le résultat en fut en effet fort différent ; la malade ne put jamais, les yeux fermés, revenir sur les méandres d'une ligne qu'elle venait de tracer (1).

Ces dessins cessèrent presque complètement de se produire vers

---

(1) SOLLIER, Du sens de la direction dans ses rapports avec l'automatisme, *Bulletin de l'Institut général de Psychologie*, p. 506.

la seconde semaine de novembre. L'état d'esprit, toujours mystique et ambitieux n'est pourtant pas aussi mégalomane que ces légendes et explications pourraient le faire croire. Ce sont les esprits qui parlent ; Cam... cause de toute chose plus naturellement, bien qu'elle ajoute foi à toutes ces révélations et à la réalité de leur provenance surnaturelle. En l'absence de dessins elle reçoit encore des communications psychographiques écrites souvent avec une rapidité vertigineuse ; un jour elle écrit devant nous la page suivante : « Naissance. Délos est une déesse chargée d'envoyer l'étin-
« celle divine dans chaque âme ; elle prit par erreur l'âme d'une
« étoile morte nommée depuis Siloë, fille de la beauté et de l'amour
« ou de Céphée et de Dieu. Cette étincelle divine jetée dans l'âme
« humaine devait jeter la perturbation dans cette âme même, par
« la lutte de la matière et de l'essence divine. Cam... souffrit toute
« sa vie ; enfance, jeunesse, mariage. Le monde, l'argent, l'égoïsme,
« le désir brutal et jamais l'amour. L'enfant voulut sortir de son
« enveloppe mortelle il y a quatre mois, nous l'empêchons pour
« qu'elle crée la religion de la bonté chargée de régénérer le
« monde en perfectionnant le christianisme dans le kamianisme.
« Celle-ci sera.... (saura pas aujourd'hui, — inutile). » Elle s'est brusquement arrêtée d'écrire et cette parenthèse indique assez que Deus se refuse de rien dicter de plus. Nous insistons pour qu'elle obtienne la suite, mais elle refuse énergiquement. Mais plus tard elle reprend le crayon et termine : « sera une religion de transition, base de la tolérance. »

Cam... a ainsi de nombreux messages expliquant la constitution de sa religion ; il serait trop long de les rapporter tous ici. Son recueil de Pensées l'occupe aussi beaucoup, elle l'annote avec sa conscience et sa volonté à elle et de son écriture habituelle. La forme et le fond de ces pensées conscientes diffèrent sensiblement de ceux des messages mécaniques ou demi-mécaniques. Cam... considère ses pensées comme des ébauches qu'elle retouche et cisèle ; tandis que les messages, malgré leur style incomplet et leur extravagance, lui paraissent des choses sacrées auxquelles elle ne doit rien modifier.

Un jour, au milieu d'une conversation quelconque, Deus se manifeste tout d'un coup, le crayon que Cam... tient toujours entraîne sa main, et elle écrit très rapidement : « Dirai Docteur secret « médecine et bonheur humanité sur maladie contagieuse avec « permission de Cam... Cam... permettra docteur faire connaître « secret sur fièvre typhoïde, façon isoler les malades dans grande « cloche de verre. Dirai secret d'Uranie pour guérir fièvre ty- « phoïde, comme l'ai révélé à celui qui te fit tant souffrir. » Celui qui la fit tant souffrir c'est son mari. Celui-ci, en effet, quand il se servait d'elle comme médium ordinaire avait par son intermédiaire consulté Deus pour guérir la surdité incurable d'un de ses amis. Deus avait prescrit par la table cinquante centigrammes de quinine. M. Stein qui avait entendu dire qu'on donnait du sulfate de quinine pour les affections de l'oreille fut frappé d'admiration ; mais à la même époque l'esprit avait ordonné contre la diarrhée un lavement d'eau de Cologne qui, heureusement, ne fut pas administré.

Typtologie mentale. — Plusieurs des messages qui précèdent, et en particulier le dernier sont en style télégraphique, c'est la caractéristique des messages de certains jours. Cette forme paraît être le mode intermédiaire entre les communications auditives ou graphiques en langage complet et les communications typtologiques ; ces dernières étant forcément un peu longues à recevoir exercent la patience de la malade et sont généralement composées en style incomplet. Comme la plupart des médiums, Cam... a commencé par la typtologie à bascule, c'est-à-dire par la table. Aujourd'hui encore, elle aurait volontiers recours à ce moyen surtout quand, par ses autres voies, l'esprit fait attendre ses avis. Mais comme ce procédé lui est actuellement interdit, et comme l'activité momentanée de ses centres automatiques en mettent d'autres à sa disposition, la typtologie s'établit par son fidèle crayon. Celui-ci, quand il n'écrit pas, frappe les coups des lettres sur la table, le chevet ou sur n'importe quoi. Un matin pendant notre visite Deus épèle par les frappements du crayon. Il déclare que l'un de nous a fait, il y a quelques années, partie d'un comité consistorial à Paris et possède l'âme, plusieurs fois réincarnée d'un ancien prêtre. Le premier fait étant exact, Cam... triomphe, car, nous dit-elle, elle l'ignorait absolument, la vérité du premier fait doit entrainer celle du second. Elle oublie que nous lui avons parlé de ce comité lors de son premier séjour. Notre incrédulité la déconcerte et semble irriter Deus. Le crayon frappe en effet avec une certaine violence, il épèle de nouveau : « dis à Monsieur... » et s'arrête brutalement, puis il reprend en coups secs : « Cam... repose-toi. » Deus ne dira plus rien de la matinée. Les mécréants lui déplaisent, il profère même plusieurs fois le mot de Cambronne pour l'un de nous qui plaisantait à son sujet. Ces grossièretés sont matière courante en matière de spiritisme ; on les met à l'actif des esprits trompeurs et légers. Cam... n'ayant jamais fréquenté les milieux spirites, bien que ces trivialités soient tout à fait contraires à son tempérament, excuse Deus et cherche à justifier l'expression de sa colère.

Le crayon n'est bientôt plus nécessaire pour frapper les lettres, un doigt y suffit, et enfin, chose plus intéressante, la typtologie devient purement mentale. C'est dans la tête, « dans la pensée » que les coups des lettres se succèdent sans aucun mouvement externe. C'est le moyen de communication qui a prévalu pendant presque tout le mois de décembre. Les lettres sont battues très vite, le médium a hâte de découvrir le sens de la phrase dictée et cherche à deviner les mots bien avant qu'ils soient achevés. Un jour entre autres, pendant ce mois de décembre 1901, nous trouvons Cam... de mauvaise humeur : à la suite d'une visite de son mari, elle a mal dormi, elle est énervée, elle a mal aux jambes et a la diarrhée. Toute la matinée, la typtologie mentale a été très active, sans qu'elle ait eu à se recueillir pour la provoquer. Le phénomène reprend devant nous. Les lettres successivement se comptent dans sa tête : « a, b, c, d, e, *f*; elle poursuit : *a* ; sans laisser continuer, elle cherche à deviner le mot commençant par *f a* ; ce doit être *fais*, un sentiment intérieur d'affirmation lui exprime que c'est bien le mot voulu. Elle laisse continuer : *a*, encore, puis a, b, c, d, e, f, g, h, i, j, k, l, m, n, o, p, q, r, s, *t* ; elle s'arrête et pense *attentat ?* : sensation intérieure de négation, elle pense alors *attention ?* : sensation intérieure d'affirmation. Elle poursuit alors le mot suivant, toujours impatiente de devancer la marche du procédé. La phrase constituée est la suivante : « fais attention à la clef à cause de la garde-malade. » Cette fois, cet avis de défiance à l'égard d'une garde qu'elle estime et dont elle est très sûre révolte sa justice ; aussi affirme-t-elle que ce n'est pas Deus qui parle, ce ne peut être la voix de personne assure-t-elle ; et la voilà sur le chemin d'attribuer les vains propos aux esprits mystificateurs comme les vétérans des évocations. Cette typologie intérieure va durer pendant des mois, se répétant presque tous les jours à certaines périodes : « cela m'agace, dit Cam... alors je fais les mots moi-même, mais je me trompe, alors Deus recommence lentement, en appuyant les lettres, et en formant des mots auxquels je ne m'attends pas du tout. »

Distribution des diverses formes d'automatisme. — Rythme et versification. — Telles sont les diverses modalités des communications verbales de Cam... avec les esprits. Elles se succèdent les unes aux autres, certaines se produisant plus spécialement selon les états d'esprit ou les états de calme et d'éréthisme nerveux par lesquels passe la malade. Elles peuvent se mêler ou se combiner les unes aux autres selon l'identité de l'esprit qui parle et selon les circonstances. Quand plusieurs esprits se suivent ou quand un esprit interrompt le cours d'un autre, les derniers usent généralement d'un mode de communication différent de celui employé par le premier. Deus, par exemple, appuyant une communication typologique de Nicolas II, emploiera la variété psycho-motrice verbale. Un même esprit pourra s'interrompre lui-même sous une forme différente de celle par laquelle il a commencé. Deus encore, faisant une communication psycho-graphique mécanique sur un sujet d'ordre général s'interrompra lui-même pour adresser directement à Cam... une observation psycho-motrice verbale pour un fait d'ordre privé.

Pendant l'amélioration progressive des symptômes il arrêtera ainsi lui-même ses propres discours typologiques mentaux par des injonctions psychomotrices. Plusieurs interlocuteurs peuvent pourtant se succéder sans transition selon le même processus : Jésus-Christ prenant part un jour et compatissant affectueusement aux peines de Cam..., lui parle en hallucinations psychiques; et Dieu le père prend immédiatement après lui la parole de la même manière pour s'excuser de la laisser souffrir ainsi. Enfin la localisation de la voix varie selon le sentiment qu'elle exprime : « ces voix, dit la malade, sont comme une émanation intérieure : « elles parlent dans ma tête quand c'est mon esprit qui travaille, « et dans ma poitrine quand c'est mon cœur. »

L'automatisme verbal peut encore chez Cam..., sans changer de modalité physiologique, cesser d'avoir pour elle une signification de nature délirante. Pendant ces grands malaises paroxystiques, il lui arrive en effet d'être intoxiquée par un nom qui se répète à satiété dans sa tête irrésistiblement. C'est comme un appel mental qui l'obsède et se fait malgré elle vers quelqu'un qu'elle désire ou dont elle attend le secours. Une des premières visites de sa fille l'a laissée très énervée ; le nom de cette enfant s'impose à elle la nuit suivante pendant des heures : « Estelle, Estelle, Estelle..., etc... », et ce nom se scande violemment en syllabes appuyées rythmiquement comme un battement d'horloge. Un autre jour dans des circonstances analogues, c'est le nom de son beau-frère : « Hoffmann, Hoffmann, Hoffmann », ou celui de l'un de nous, ou celui de son protecteur imaginaire : « Deus, Deus, Deus... ! » Elle n'attribue cette obsession verbale à aucune personnalité étrangère, elle la sent se faire dans sa tête et est forcée de la laisser aller, aucun effort de volonté ne pouvant l'arrêter. A partir du mois de janvier, d'ailleurs, le rythme et la cadence deviennent très fréquents dans ses créations subliminales. Après avoir déjà noté des assonances, à partir du mois de janvier, nous remarquons que les esprits s'essaient à parler en vers ; et Cam... elle-même dans ses écrits conscients est de plus en plus portée à versifier. Elle cherche à exprimer en vers tous les sentiments et toutes les idées qu'elle condensait jadis en style sentencieux pour son recueil de Pensées. Ses vers sont médiocres comme la plupart des vers spirites. La correction de la mesure n'y est qu'apparente et ne souffre pas d'examen. Le vers vient en quelque sorte tout seul, sans aucun effort, la rime arrive automatiquement. Mais l'accent parisien de la malade avec ses élisions et ses liaisons supprimées lui fait constamment ajouter ou supprimer un ou plusieurs pieds par alexandrin. En se lisant elle-même, la cadence brute paraissant juste, elle ne corrige rien. D'autres malades la secondent pour les corrections. Cette versification intensive favorise la marche de son automatisme, aussi cherchons-nous à l'enrayer, mais elle est irrésistiblement attirée et continue en cachette malgré tout à aligner des strophes. Elle en arrive à une ambition poétique qui s'ajoute à son ambition apostolique. L'aisance toute machinale avec laquelle elle trouve la métrique et la consonance l'enthousiasme et l'exalte. Elle met en stances ses états d'âme et ses impressions. Voici par exemple une pièce très intéressante en ce sens qu'elle y parle de sa « voix » et qu'elle y rend parfaitement le dédoublement de sa personnalité :

LA VOIX :

Ecoute au fond de toi cet esprit qui te charme
Et qui du cœur aux yeux fait monter une larme,
Sans que sa voix résonne, il te parle tout bas ;
Il t'emmène fort loin des choses d'ici-bas.
Oui, c'est l'esprit divin et non la conscience,
Il est distinct de toi, par lui ta prescience
Semble suraiguisée et l'esprit éclairé
Sur son aile t'emporte en un monde éthéré.
Poète, enivre-toi de cette voix si douce,
Vers un monde inconnu tu sens qu'elle te pousse ;
Quand on l'entend parler, dans le jour qui décroit
A jamais l'on espère et à jamais l'on croit.
Sceptique méprisant, souris de ta faiblesse,
De ce cœur de poète, amoureux de noblesse,
D'un monde perverti, sublime paria
Il exhale son âme en un alleluiah !

On ne peut mieux décrire en vers une hallucination psychomotrice et l'état d'esprit qui la comporte et qui la détermine.

Cette pièce vaut bien d'ailleurs celles que tant de médiums ont écrites sous la dictée de Victor Hugo, ou de Lamartine désincarnés, ou celles par lesquelles Mlle Smith et d'autres exhortaient leur auditoire à la vertu ou à la dévotion.

Médiumnité à phénomènes physiques. — Il est enfin une autre spécialité médianimique à laquelle Cam... n'a pas échappé, c'est celle qui consiste à entrer en contact matériel (matérialisé, pour parler le langage spirite) avec les esprits. C'est une main légère qui vient amicalement frôler sa joue. Plus fréquemment, elle sent très distinctement la pression des lèvres sur ses mains ou sur sa bouche. Ce sont les lèvres de Deus. Ces sensations ont lieu aussi bien pendant les périodes d'exaltation que dans les intervalles de calme. Elles n'ont disparu que quand l'amélioration a été très prononcée. Elles étaient d'ailleurs très agréablement recueillies.

Manifestations génésiques. — *Sensations de lévitation, érotisme mystique.* — Les troubles de la sensibilité générale révèlent aussi des formes plus spéciales. Les caresses se localisent aussi à la sphère génitale en sensations voluptueuses qui remontent le long de son corps et vont souvent jusqu'à l'organisme vénérien complet. Elle les décrit : Deus s'annonce par un état de bien-être particulièrement, et lui fait, ce qu'elle appelle des déclarations enivrantes. « Tu vas, lui dit-il, connaître la caresse divine. » Elle éprouve alors un frisson divin qui monte de son sexe à sa gorge elle a des sensations de caresses intimes dont elle reste épuisé Elle cherche à s'isoler et à se recueillir en elle-même pour le rappeler en lui adressant des prières tendres à la suite desquelles elle peut le posséder ainsi physiquement. Deus touché de sa fidélité la possède, elle, spirituellement. « Cette possession est étrange, ajoute-t-elle, c'est une douce quiétude qui m'envahit. »

Un autre phénomène se produit aussi assez souvent vers le déclin des paroxysmes anxieux, alors que sa sensibilité est encore altérée. C'est un trouble cœnesthésique qui lui donne l'illusion de la lévitation assez commune d'ailleurs chez les spirites et les mystiques extatiques. Il lui semble alors que « sa vie s'en va », mais sans avoir le sentiment de perdre connaissance. Elle sent son corps allégé comme s'il ne touchait plus à rien, comme si elle ne l'avait plus. Elle est enlevée dans l'espace et est généralement appelée par Deus en ces moments-là. Elle compare cet état à l'attente d'une mort imminente et désirée : la mort mystique qu'elle rêve. Cette situation ne dure pas assez longtemps à son gré, tant elle y trouve de charme ; et, comme nous l'avons vu plus haut, elle est ramenée à la réalité par la voix de Zeus ou de Deus lui-même qui exige qu'elle reste sur la terre pour accomplir sa mission.

Cam... s'est fait d'autre part une représentation mentale très nette de Deus : « Je me le figure, raconte-t-elle, comme un être
« grand et noble, un corps fluide comme la rosée solidifiée, une
« vapeur vivante et une tête dominante ; des yeux bleus vert-clair,
« une barbe de Dieu assyrien blond roux avec des fils d'argent ; une
« noblesse d'âme d'homme qui s'efface, qui s'oublie soi-même
« sans attendre seulement ma venue, car je demeure ici pour se-
« mer mes idées. Il me dit lui-même de former des élèves, car
« l'ignorance divine des hommes vient de leur manque de bonté
« et de ce qui tue le monde, de :

« L'argent qui d'un moyen est devenu un but. »

Elle ne peut s'empêcher de terminer par un vers, toujours obsédée par une métromanie qui ne cède pas.

Cette figuration de Deus correspond aux rêves d'amour supra terrestres dans lesquels elle vit pour le moment, et laisse voir aussi par quelques détails de couleur, de teint et de forme, que les amours profanes qui l'occupent beaucoup ont fourni une partie des éléments de ce tableau à son imagination subconsciente. Le monde réel renferme en effet deux hommes possesseurs de toutes les vertus chères *à son goût*, deux hommes dont elle ne peut détacher sa pensée. Elle entretient même avec l'un d'eux particulièrement complaisant, une correspondance, dont elle fait d'ailleurs presque tous les frais, d'une sentimentalité quintescenciée. L'idée de ces deux amis charme son cœur, mais la tourmente aussi cruellement en raison des obstacles insurmontables que mettent entre elle et eux les circonstances et la « pureté sacrée » qui doit élever sa personnalité au-dessus du commun de l'humanité. Pureté qui lui cause tant d'indécisions douloureuses pour la réalisation de ses désirs, et qui est plus faite d'appréhension peut-être, et d'impossibilité que de volonté. La pensée de son mari vient aussi à la traverse de ces sentiments, ballottée par de constantes tergiversations. Tantôt M. Stein est revêtu de toutes les qualités imaginaires dont elle pare le modèle des amants, tantôt elle le revoit selon la réalité qu'elle a prise en grippe ; et, désespérée, elle ne parle plus que de divorcer pour attendre de pouvoir convoler avec un des deux amis qu'elle convoite, et elle reste cruellement irrésolue entre le désir obsédant de ce divorce et de ses suites, et l'amour possible et heureux de son mari.

Deus au milieu de la perplexité de ces affections n'est point jaloux, il garde une sérénité surhumaine toujours consolatrice et prometteuse de compensations : « Quelqu'un qui t'adore et qui t'épousera, c'est Dieu, Deus qui te parle » ; il lui promet de s'incarner pour elle en un amour terrestre ! Il arrive ainsi à se confondre avec ses amours profanes, et pas plus qu'elle il n'y voit d'infidélité à son égard. Il l'encourage au contraire et lui promet de lui laisser sa beauté à laquelle elle tient beaucoup et qu'elle croit très grande et très prestigieuse. Cependant des doutes cuisants et trop bien justifiés par l'âge lui viennent quelquefois à cet égard. Elle les chasse de son mieux et compte sur sa beauté aussi bien pour l'avenir de ses amours que pour celui du kamianisme. Ce sera une influence de plus qu'elle prendra sur les masses, quand elle ira « prêcher la charité et blâmer les vices des femmes du monde dans des conférences publiques » pour lesquelles la voix de sa belle-mère vient encore de temps en temps lui donner des encouragements. Elle s'y prépare par des invocations et des oraisons sans fin, elle compose des prières en vers où s'étalent sa fécondité lyrique et ses tendances pieuses, et que Deus revendique comme tout ce que Cam... fait de bien et tout ce qui lui arrive d'agréable.

Pendant de longs mois d'ailleurs et même quand la voix se fait plus rare, elle le sent toujours plus ou moins prêt à se manifester, ce qu'elle exprime en disant : « Je sens toujours que je suis deux. » Ce sentiment de dédoublement a été très long à s'effacer.

Évolution. — Lutte contre l'automatisme. — Amélioration. — En somme la malade nerveuse, distraite et rêveuse, aigrie de ne pouvoir faire partager autour d'elle ses enthousiasmes, sa sentimentalité et son besoin d'amour physique se réfugie dans la foi religieuse sans connaître la religion. En dehors des grandes conceptions délirantes qui n'ont duré que le temps des deux grandes crises aiguës, les phénomènes hallucinatoires à forme spirite ont duré pendant toute la phase décroissante de cet état vésanique.

Cette évolution a été complètement remplie par la lutte que nous avons fait soutenir à Cam... contre l'automatisme et le dédoublement de conscience qu'elle subissait. L'attrait énorme qu'avaient pour elle les communications avec les esprits ont souvent rendu cette lutte difficile. Comme tous les médiums elle tient énormément à ses pouvoirs évocateurs ; elle y tient d'autant plus que ses esprits familiers, échos des récriminations longtemps muettes et longuement accumulées dans son travail subliminal ne font que justifier ses plaintes, louer ses aspirations, satisfaire ses tendances érotiques, approuver ses projets ; et que plusieurs d'entre eux, personnages téléologiques sous la forme d'hallucinations profitables, s'attribuent même l'amélioration de ses malaises. Ce fait n'a rien de surprenant, ces hallucinations spéciales étant l'expression de l'état de ses centres automatiques au moment où renaît dans son système nerveux le calme dont elles soulignent l'apparition. Sur nos instances, tout en croyant fermement au caractère surnaturel de ses interlocuteurs, Cam... reconnaît bientôt la nature morbide de certaines de ses conceptions et de quelques-uns des phénomènes dont elle est le sujet. Elle comprend le danger qui la menace et accepte docilement de s'efforcer de repousser les voix et de se priver de faire parler son guéridon. A mesure que le temps passe elle veut plus fermement guérir et y travaille sincèrement. Elle ne peut pas toujours refouler les voix par la seule concentration de sa volonté ; dans ce cas, elle lit tout haut, pour les *clouer*. Elle éprouve alors « une pression dans la tête, comme si quelque chose s'y comprimait pour en sortir et y était retenu ». Elle finit généralement par triompher ; mais elle en reste abattue avec une forte céphalée. D'autres fois, elle cherche à les concentrer en une seule, celle de *Dieu* (nom qu'elle substitue à Deus, à mesure qu'elle s'améliore). D'abord intermittentes, les communications arrivent ainsi à demeurer longtemps silencieuses ; mais il faut une surveillance assidue, et beaucoup d'encouragements, car la patiente les regrette vivement. Elle avoue que, livrée à elle-même, elle se jetterait sur un guéridon avec avidité ; au mois de janvier elle parle de spiritisme avec plusieurs personnes avec une passion évidente et leur dit que son désir d'interroger une table est « impérieux comme une morphine ». Les mois de février et de mars se passent dans les mêmes conditions avec des retours d'hallucinations spontanées. L'esprit de l'oncle reparait lui-même. Cam... nous parle un jour de lui, et rappelle que de son vivant il disait que le spiritisme était une chose sérieuse. « Et je le dis encore » appuie la voix psycho-motrice de l'oncle dans l'oreille de sa nièce. Deus surtout ne se laisse pas oublier, procédant par typtologie mentale quand il ne se manifeste pas autrement. Après une crise d'angoisse sa voix intervient un jour, réconfortante, comme d'habitude. Sur notre demande expresse elle le repousse pour nous obéir, mais Deus s'irrite et Cam... « ressent un sanglot intérieur ». C'est Deus qui pleure en elle. Il est très difficile à déraciner parce qu'il pousse sa sollicitude jusqu'à participer au traitement moral. Ainsi Cam... écoutant une manifestation typtologique, Deus s'interrompt lui-même en disant : Défendu, c'est la folie » ; au mois de février, dans des circonstances identiques il dit : « Non assez, pas d'automatisme, contrôle-toi. » Comment chasser un esprit qui pousse le zèle jusque-là ? Il est vrai qu'il s'arrange quelquefois pour faire tourner ces sages avis en sa faveur, et c'est toujours après quelques jours de raisonnement assidu et ferme de notre part, après par conséquent un travail de préparation inconsciente consécutif que l'hallucination téléologique prend cette attitude spéciale : « Pour que tu ne t'inquiètes pas de la tête, lui dit-il un jour, je passe par ton contrôle, mais je ne suis pas ton inconscient. » Deus défend ainsi son identité contre nos arguments, car nous avons cherché à faire comprendre à Cam... que ce n'est que le travail de sa conscience subliminale qui arrive ainsi à sa conscience. Cam... d'ailleurs se dit encore trop croyante pour ne pas admettre que cette voix si claire ne soit pas différente d'elle-même ; elle veut garder cette conviction, même en cherchant à éviter la voix, car elle comprend le danger qu'il y a pour sa mentalité à en conserver les manifestations. Elle croit aussi qu'elle l'aura toujours au moins en l'évoquant fortement si elle le désirait. En cela même elle se trompe, car à partir du mois de juillet elle n'en parle plus. Pour le moment il faut cette évocation spéciale ou une forte contrariété pour qu'il reprenne la parole. Cependant l'état d'esprit de Cam... continue à se modifier. Elle ne dit plus jamais Deus, elle comprend qu'il y a quelque chose d'absurde dans cette dénomination antique, et elle se met à dire *Dieu*. Plus tard même, elle abandonne cette désignation et ne dit plus que : *la voix*. De même elle ne parle plus de kamianisme. Elle garde seulement l'intention de travailler dans sa sphère et dans la littérature, à propager la bonté, et à faire aimer la charité ! Sa piété reste toujours aussi fervente, mais plus normale. Depuis le milieu de décembre d'ailleurs son attitude au milieu des autres malades est celle d'une personne parfaitement saine, elle lit, s'occupe de tout, cause avec chacun de choses indifférentes, d'art, de littérature. Quelques malades plus sympathiques reçoivent seulement quelques confidences au sujet de ses pouvoirs de médium et prennent connaissance de ses poésies. Nous seuls sommes dans le secret de ses anciennes conceptions et de ce qui reste de ses croyances. A partir du mois d'avril jusqu'au mois de juillet l'amélioration générale a progressé sans arrêt. M. Stein est complètement rentré en grâce auprès de la malade. Celle-ci a passé en Suisse l'été de 1902 sous la surveillance d'un médecin qui n'a noté aucun phénomène délirant et s'est seulement occupé de maintenir ses bonnes dispositions à l'encontre des essais de manœuvres spirites.

Pendant toute cette évolution la mémoire a suivi les fluctuations de l'état mental lui-même. Les souvenirs de tout ce qui s'était passé pendant sa première crise délirante en Suisse et de tout ce qu'elle avait entendu et vu pendant cette première période avait paru s'effacer pendant l'intervalle relativement sain de son premier séjour au sanatorium pendant lequel elle n'avait en tout cas parlé de rien que de sa très vague « fièvre cérébrale ». Tous ces souvenirs se sont au contraire réveillés très fidèles, très précis, avec tous leurs détails pendant la seconde bouffée délirante. Cam... a pu à ce moment nous décrire sa vision et tout ce qui l'avait suivi. Au début de son second séjour, elle se rappelait très nettement tout ce qui lui était arrivé dans le Midi, ses évocations avec son mari, son système théologique, ses différends avec sa belle-sœur. A mesure que son amélioration s'accentuait, tous ces souvenirs s'effaçaient pour ne reparaître que dans les états paroxystiques qui ravivaient l'activité spirite. On voyait ainsi reparaître et disparaître ces groupes de souvenirs, un peu comme l'auraient fait ceux d'un état second, mais avec moins de netteté et moins brusquement. Il y avait chaque fois une transition, une période d'effacement graduel avant la disparition totale. Au moment de ce changement, on voyait les manifestations délirantes disparaître de la vie à l'état de veille, et alimenter les rêves du sommeil normal de la nuit. Cam... rêvait de sa belle-mère, de son oncle, soulignait ainsi la transition entre l'inconscient spirite et l'inconscience normale onirique.

Actuellement tout reste dans l'ordre depuis juillet 1902 ; Cam... ne parle plus de faire tourner des tables ; elle n'a plus d'hallucinations ; elle a repris une affection normale et vive pour son mari. Elle cultive la poésie et a fait dans cette voie des progrès sensibles. Ses poèmes ne révèlent plus aucune désorganisation psychique ; ils chantent les beautés et les contemplations de la nature, la résignation à la souffrance, la résignation des âmes et surtout les bienfaits de la paix. La malade est en effet devenue une ardente adepte des doctrines de Frédéric Passy. Elle espère en favoriser la vulgarisation, et c'est dans cette œuvre que se donne carrière son ancienne tendance à l'apostolat. Elle est d'une piété chrétienne pleine de ferveur, de confiance et d'enthousiasme, et a repris tout son goût pour la vie de famille.

Observation II (Dʳ Dheur).

M. P... est docteur en médecine, âgé de vingt-huit ans. Nous l'avons eu en traitement à la maison de santé, à Ivry, du mois de janvier au mois de novembre 1901.

Antécédents héréditaires. — Son père était coléreux et autoritaire ; sa mère, rhumatisante et nerveuse. Une tante paternelle a été frappée d'amnésie à la suite d'un chagrin. Un de ses frères est très émotif et croit au spiritisme. Un autre frère, ainsi qu'une sœur, sont morts en bas âge, après avoir été sujets à des convulsions.

Antécédents personnels. — On ne note aucune affection grave dans la jeunesse. Elève très intelligent, il commençait sa médecine à seize ans et demi. Bon catholique, il perdit la foi rapidement, sous l'influence des doctrines évolutionnistes et matérialistes dont il devint imbu.

Cependant, il ne fut jamais un adversaire déclaré de sa religion première.

Histoire de la maladie. — C'est environ quatre mois avant son entrée à la maison de santé, qu'il vit, pour la première fois, une table se mouvoir par l'application des mains, et, dès cette première séance, il resta stupéfait du résultat obtenu. Rentré chez lui, il ne put résister au désir immédiat de renouveler l'expérience en compagnie de sa femme, et fut aussi charmé qu'étonné d'obtenir, grâce à la typtologie, une communication intelligente avec les esprits.

Quelques jours plus tard, il fut à une réunion spirite, et là, il vit des apports d'objets, des phénomènes de lévitation, des empreintes prises dans le plâtre, une table s'élever à deux mètres de hauteur, et retomber couverte d'une brassée de violettes odorantes.

Ses convictions matérialistes, déjà ébranlées, s'effondrèrent d'un seul coup. Il se mit à étudier les principaux ouvrages spirites, s'enthousiasma pour la doctrine de la réincarnation et voulut, lui aussi, devenir médium écrivain. Il acheta une planchette spéciale pour cet usage, mais n'obtint que de piètres résultats.

Par contre, il entendit bientôt dans sa tête une voix.

Cette voix fut d'abord celle d'un prêtre d'Isis qu'il avait évoqué, puis celle de son père, enfin celle d'une quantité d'esprits différents.

Dès lors, il abandonna la planchette comme inutile, se croyant médium intuitif, semi-mécanique, c'est-à-dire capable de percevoir directement la pensée des esprits et d'écrire sous leur direction.

Bientôt les esprits devinrent pour lui de véritables tyrans, lui donnant des ordres aussi incessants que puérils, et qu'il devait exécuter en aveugle. Il se crut un moment le pouvoir de prédire le présent et l'avenir, fit des progrès considérables en typtologie, chercha à devenir médium musicien et à obtenir les diverses médiumnités.

Un peu de calme était cependant revenu dans son esprit à la suite des excellents conseils d'un de ses amis et confrères, lorsqu'il fut invité à un dîner et, ayant eu occasion de boire un peu plus que de coutume, ses idées reprirent bientôt avec plus de force que jamais. Le soir même de ce dîner, il y eut une discussion très vive sur le spiritisme. Rentré chez lui, la voix lui annonça qu'il était possédé par les esprits infernaux. Une lutte terrible s'engagea entre les bons et les mauvais esprits, les bons esprits lui conseillant de prier, de se pincer la figure, de se donner des coups de couteau, d'enflammer ses vêtements, de se jeter par la fenêtre... et effectivement il chercha à faire et réussit en partie à exécuter ce qui lui était commandé. On fut obligé de le maintenir de force. Cet état dura quatre jours, au bout desquels on se décida à le conduire à la maison de santé. La première nuit passée à la Maison de santé est bonne. Aussi, le lendemain, nous le trouvons plus calme ; il est à genoux dans sa chambre et prie avec ferveur, les mains jointes, sur un verre d'eau qu'il veut transformer en or. L'esprit lui a expliqué, en effet, qu'il a été conduit ici pour développer sa médiumnité, afin de convaincre les incrédules par des miracles. Il lui a donné, du reste, des conseils très précis sur la façon de procéder pour développer chez lui ses diverses médiumnités, pour obtenir des matérialisations et des apports.

Mais le calme est de peu de durée ; bientôt recommencent les tentatives de suicide sous l'influence des voix qui lui reprochent son manque de persévérance et sa lâcheté.

Ce n'est que vers la fin du mois que reparaît le calme, à mesure que les hallucinations deviennent moins fréquentes. Il cause alors volontiers avec nous, et, bien que conservant la plus grande partie de ses convictions, il ne se fait nullement prier pour nous donner quelques renseignements et semble même heureux de cette période de repos qui lui permet de discuter son cas.

Parfois, dans nos conversations, le doute semble pénétrer dans son esprit, il nous remercie du soin que nous prenons de le tirer de ses erreurs, mais, dit-il, lorsqu'il entend ses voix, il ne peut s'empêcher d'y croire. Ces voix sont purement intérieures, il ne les a jamais entendues que dans sa tête, bien qu'il reconnaisse très bien les diverses personnes qui lui parlent. Celles-ci sont, du reste, des plus variables.

Pour les personnes qu'il n'avait jamais connues, tels que le Christ et les divers esprits, il y a dans le timbre, le ton et la rapidité d'élocution des différences assez notables pour lui permettre de les distinguer entre elles. Les sujets de conversation tenus par les esprits affectent depuis quelque temps un caractère nettement moralisateur, cherchant de toutes façons à l'améliorer, au point de vue moral, en même temps qu'à développer ses qualités médiumniques.

Les premiers essais comme médium écrivain n'avaient pas donné de résultats appréciables ; nous lui demandons des renseignements sur les essais suivants, et voici ce qu'il nous répond : « Lorsque j'écrivis pour la seconde fois sous l'influence de l'esprit, je m'étais mis dans la position de l'écriture et j'attendais. Or, le premier mot que j'écrivis, il me sembla tout d'un coup l'entendre dans mon cerveau ; il arrivait à la surface de mon entendement, comme malgré moi, telle une bulle de savon arrivant à la surface de l'eau au début de l'ébullition ; ma main écrivait naturellement, sans fatigue, plus ou moins vivement, suivant la rapidité des pensées. Je savais à l'avance ce que j'écrivais, mais ce n'est pas moi qui pensais, j'écrivais souvent les yeux fermés, sans hésitation, sans rature. »

Pendant les derniers jours du mois de janvier, l'état du malade semble s'être sensiblement amélioré. Si les hallucinations sont très fréquentes, elles semblent du moins avoir perdu près du malade quelque autorité.

M. P... veut suivre nos conseils, il veut résister aux voix et il leur résiste. Il dit qu'il n'y a que deux conduites différentes à tenir pour sortir de la maison de santé.

La première suppose qu'il est réellement malade et consiste à opposer une résistance ferme à tout ce que lui suggèrent ses voix, jusqu'à complète guérison ; la seconde suppose qu'il est médium et que ses voix ne sont pas des hallucinations ; alors il ne lui reste plus qu'à obéir, à prier et à faire pénitence, afin d'obtenir la permission de faire un miracle et de pouvoir ainsi nous convaincre.

Tandis qu'il avait suivi jusqu'à présent la première voie, nous allons le voir, à l'avenir, mettre tout son espoir dans la seconde.

Dès les premiers jours de février, en effet, il cherche à passer des nuits entières en prières, écoutant et provoquant ses voix, leur obéissant aveuglément, faisant de la propagande spirite. Les hallucinations se sont développées à un tel point que dans plusieurs conversations, ce n'est pas lui qui parle, il ne fait que répéter textuellement ce que lui dictent son père ou les esprits.

Nous ne saurions reproduire ici, à cause de leur longueur, quelques-unes de ces conversations, que nous avons cru intéressant de conserver, étant donné que ce sont le plus souvent des discussions engagées entre nous et les esprits sur les doctrines spirites ; mais nous pouvons ici franchement avouer qu'avec les esprits on n'a jamais le dernier mot, ce qui ne veut pas dire, du reste, qu'ils se montrent toujours particulièrement éloquents, ni même rigoureusement logiques.

Entre temps reparaissent les idées et même les tentatives de suicide, puis vers la fin du mois il se calme à nouveau tout en gardant les mêmes convictions délirantes.

Sauf ses prières du matin et du soir qui sont un peu prolongées, sa conduite est bientôt irréprochable.

Il dit qu'il est devenu meilleur, et, en effet, il cherche à consoler et à soigner les malades qui l'entourent, fait promener les uns, cherche à faire promener les autres ; il est sobre de gestes, sa parole est onctueuse et sa mine sévère. Il s'occupe de médecine, lit avec intérêt les articles traitant des hallucinations et constate que le travail et les distractions l'empêchent d'entendre ses voix ; il reste pourtant toujours convaincu qu'il est médium.

Une modification se produit depuis quelque temps dans ses hallucinations qui semblent parfois adopter la forme psychomotrice. Nous notons que chez lui, la représentation mentale d'une voix est presque égale comme intensité à une hallucination ; mais, chose assez curieuse, tandis qu'il ne se représente une voix donnée qu'avec son timbre de voix à lui, ses hallucinations auditives (psychiques) ont un timbre particulier qui n'est pas le sien, même lorsqu'il s'agit de personnes qu'il n'a jamais connues.

Dans le courant du mois d'avril, il recommença à prier et à suivre tous les conseils que lui donnent ses voix. Devant nous, il se met à genoux, fléchit brusquement le corps, puis étend les bras en croix et prie à haute voix. Si on veut le faire relever, il se fâche, menace et frappe les gardiens.

Il ne parle que d'après ce que lui dicte sa voix intérieure. On le voit souvent hésiter sur certains mots pour atteindre la fin de la phrase qu'il doit prononcer et que l'esprit n'a pas encore eu le temps de lui donner en entier. A d'autres moments, c'est Dieu ou son père qui parle directement par sa bouche. Sa personnalité alors s'efface complètement, il ne traduit plus comme précédemment en traduction libre ce qu'on lui dicte ; mais il reproduit machinalement et sans hésitation les paroles, parlant lui-même à la troisième personne, comme si c'était un étranger qui parlait par sa bouche.

Il se reproche amèrement sa faiblesse passée, sa résistance aux ordres qui lui ont été donnés et, prenant à tout bout de champ l'attitude de la prière, précédemment décrite, s'accuse sans cesse en des plaintes, des lamentations, des révoltes contre lui-même et contre son misérable corps, qui n'en finissent plus.

Il devient violent dans ses paroles et dans ses écrits, s'excite et en vient facilement aux coups lorsqu'on ne veut pas croire à sa médiumnité.

Puis le calme revient dans son esprit, et nous le voyons pendant un grand mois tout aussi convaincu, mais ne manifestant sa conviction délirante par aucun acte excentrique.

Ses hallucinations sont aujourd'hui des hallucinations nettement psycho-motrices. Son père et les esprits le font parler, font mouvoir sa langue et ses lèvres, il n'entend plus son ancienne voix de la tête que lorsqu'il fait des efforts pour retenir sa langue.

Par ce nouveau moyen de communication, les esprits lui font faire des prophéties qui le stupéfient et qui, en réalité, sont absolument enfantines.

Il veut redevenir médium écrivain et nous présente des papiers couverts d'une écriture ressemblant plus ou moins vaguement à celle de son père et dans lesquels se trouvent des conseils moraux à l'adresse du malade.

Ayant entendu parler d'un médium dessinateur, il veut en faire autant. Le dessin qu'il nous présente consiste en une série de courbes concentriques, dans lesquelles il croit reconnaître une figure. Nous lui faisons bander les yeux, et nous constatons aussitôt que son crayon hésite, il ne sait plus ce qu'il veut faire.

Puis au mois d'août, éclate une crise d'une violence extrême ; il lutte avec les gardiens, la voix de son père lui dit de frapper, d'insulter, de cracher à la figure de ceux qui, sous prétexte de le guérir, l'empêchent de propager le spiritisme. Il cherche à se faire du mal en guise de mortification et marmotte sans cesse des prières.

Cet état dure jusqu'au 1er octobre, époque à laquelle il se met à causer comme il le faisait antérieurement.

Il essaye d'abord de nous convaincre et nous conduit dans sa chambre, nous disant qu'il va nous faire assister à un apport d'objets. Il se place devant sa table, fait trois invocations, puis, grossièrement, maladroitement, la fait marcher. Celle-ci ne donne que des réponses vagues, contradictoires, et au bout d'un quart d'heure nous sommes obligés de nous retirer sans avoir pu voir ce que c'était qu'un apport.

Il veut sortir à tout prix, et cela pour propager le spiritisme. Il renonce à la médecine, il renonce à sa femme, il renonce complètement au monde pour se consacrer tout entier à propager sa nouvelle foi.

Il s'est fait complètement raser, porte les cheveux coupés très courts, parle sur un ton grave et incisif, n'admettant aucune discussion, la contradiction ne faisant naître chez lui qu'un sourire de pitié. Du reste, si ce n'était son aspect sévère, sa préférence était pour les conversations roulant sur la politique et la religion ; lorsqu'il n'expose pas ses idées spirites, il pourrait passer pour une personne presque normale.

Les hallucinations sont restées les mêmes ; cependant, pendant ses périodes d'excitation, à plusieurs reprises, il a eu des hallucinations visuelles élémentaires. En même temps qu'il entendait sa femme, il voyait un beau globe de feu qui n'était autre que l'âme de celle-ci.

La propagande spirite l'occupe uniquement, il consulte le *Bottin*, les *Petites affiches*, recueille des titres d'ouvrages, les articles de journaux, écrit de nombreuses lettres, pensant prochainement pouvoir poser sa candidature comme député socialiste chrétien.

Le malade nous quitte dans cet état le 16 octobre pour être transféré dans un autre établissement.

Nous l'avons dès lors perdu de vue, mais nous savons qu'il a été remis en liberté peu de mois après son transfert, et un mot de lui que nous avons reçu ces jours derniers semblait indiquer un état mental satisfaisant.

OBSERVATION III (personnelle).

M. F..., *sondeur, cinquante-deux ans, hallucinations de la vue,* de l'ouïe et de la sensibilité générale avec délire survenus à la suite de pratiques spirites.

Antécédents héréditaires. — Rien de spécial à signaler. A noter cependant son grand-père qui eut des idées très avancées pour son temps et qui fut plus ou moins compromis pendant la Révolution de 1830. Père, garde-chasse, mort à quatre-vingt-treize ans. Mère morte à quarante ans, de la rupture d'un anévrysme. Un oncle et une tante sont morts. Il a un frère et une sœur sur lesquels il n'y a rien à noter.

Antécédents personnels. — Pas de maladies graves dans sa jeunesse. Il fut élevé à l'école primaire, puis au séminaire de Sens. Ses parents le destinaient à l'état ecclésiastique. Il montra un goût assez vif pour les études, mais très restreint pour la religion, et il quitta le séminaire à l'âge de dix-huit ans avec une bonne du pays. Il passe trois ans à l'école d'agriculture de Saint-Sauveur et fit ensuite la campagne de 1870 comme franc-tireur. Il fut fait prisonnier et ne partit faire son service militaire qu'après la guerre.

Incorporé au 13º régiment d'artillerie à Vincennes, il resta sept ans à la caserne, fut un excellent soldat et conquit tous ses grades jusqu'à celui d'adjudant. Il fut proposé et maintenu pour être officier ; mais il quitta le régiment à cette époque. Il avait enlevé la maîtresse d'un officier et ce dernier l'avait menacé de le faire casser.

Il entra à cette époque comme chef sondeur dans une grande maison de sondage de Paris qui le fit voyager dans différentes régions de la France pour y creuser des puits. A partir de 1889, la même maison le fit voyager aux colonies. Il va plusieurs fois en Algérie, passe deux années au Tonkin où il eut un léger accès de dysenterie. Il est ensuite envoyé à Grand-Bassam où il contracta la fièvre paludéenne, ce qui l'obligea à revenir en France où il guérit d'ailleurs assez rapidement.

Depuis près de trois ans il est resté en France, continuant à travailler dans sa maison de sondage.

Histoire de la maladie. — Les phénomènes actuels que nous

allons exposer ont débuté il y a environ dix-huit mois. Mais il est bon de noter qu'auparavant notre malade s'était trouvé deux fois dans des circonstances qui avaient attiré son esprit sur les phénomènes occultes. La première fois en 1886 à Rouen il avait vu une marchande de poissons qui se prétendait médium et qui devant lui avait fait parler et tourner des tables. Il n'y avait pas attaché beaucoup d'importance.

La seconde fois, au moment de son retour du Tonkin en France, en faisant escale dans l'île de Ceylan, il assista à Colombo à la résurrection d'un fakir Indien au milieu d'une grande fête publique ; de véritables prodiges s'accomplissaient, entre autres des fleurs poussaient tout d'un coup sous les pas du fakir ressuscité. Ce fait laissa chez lui un souvenir inoubliable.

Vers le milieu de l'année 1902, M. F... se rendit un jour avec des amis à une séance de spiritisme, 183, rue Saint-Denis. Il vit là des tables se balancer, parler, répondre à des questions, il vit des gens écrire automatiquement, mais ne vit pas circuler des flammes que d'autres voyaient ou du moins prétendaient voir.

Plusieurs fois il y retourna, et à chaque séance il s'appliqua à obtenir la communication avec les esprits. Suivant les conseils que lui donnait le chef de groupe, il se mettait en position d'écrire, sans obtenir de résultats. Ce ne fut qu'à la cinquième séance, et avec l'aide d'un médium qui avait placé sa main sur la sienne qu'il sentit enfin sa main se mouvoir d'une façon inconsciente et qu'il écrivit un mot : *Clément*. C'était le nom du fils du médium, enfant mort quelque temps auparavant. Son guide retira alors sa main et il ne put plus rien écrire ce jour-là.

Le lendemain, à son atelier, il se mit de lui-même en position d'écrire, et, sans qu'il en eut la volonté, il sentit sa main se mouvoir d'abord très lentement et tracer en hésitant des caractères qu'il reconnut aussitôt après comme constituant son nom, alors qu'il n'avait nullement l'intention de l'écrire. Ce fut là le point de départ de toute une série de troubles qui évoluèrent chez lui avec une rapidité très grande.

Il se crut en communication directe avec les esprits, et commença par s'imaginer qu'il était « obsédé » par quelque membre de sa famille inconnu de lui et qu'il supposait être un jeune frère mort en bas âge.

A partir de ce moment-là, il se mit à écrire énormément, souvent plusieurs heures par jour ; il ne connaissait pas à l'avance ce qu'il allait écrire, mais en prenait connaissance à mesure qu'il le traçait sur le papier. C'était ce frère qui écrivait par sa main et qui même signait « Jules F... », ce qui l'étonnait d'ailleurs beaucoup ; car on lui avait enseigné que les esprits ne signaient jamais.

Il avait, disait-il, l'écriture intuitive.

Bientôt, il devint médium semi-mécanique ; c'est-à-dire qu'en même temps qu'il avait l'intuition de ce qu'il allait faire, il lui semblait que sa main était entraînée par une force extérieure à lui qui le forçait à écrire.

Puis peu à peu, l'intuition disparut complètement et l'écriture est devenue ce qu'elle est restée depuis, purement automatique.

Ces phénomènes mirent à peu près une quinzaine de jours à évoluer, au bout de ce temps-là, il commença à avoir des hallucinations de l'ouïe. Un jour, après huit à dix heures d'écriture automatique, il eut dans ses oreilles la perception d'un « trémolo épouvantable » : « C'était, dit-il, comme un grand bruit de castagnettes », puis deux ou trois heures après, ce trémolo se transforma et il eut la perception très nette de voix parlant dans ses oreilles et s'exprimant en un charabia arabe incompréhensible : « machi, zimachi, médimachi, etc. » Ces mots bizarres se répétèrent deux jours durant, après quoi les voix se précisèrent, elles poursuivaient M. F... dans la rue, lui répétant, en les accompagnant de commentaires injurieux, les annonces qu'il lisait sur les affiches murales. De plus, ces voix s'adressant directement à lui, l'insultaient et l'appelaient : « Vieux terrien, cochon de terrien, etc. »

En même temps qu'apparaissaient chez lui les hallucinations auditives, il commença à éprouver des troubles de la sensibilité générale : douleurs vagues dans les jambes, sensation de « pointes de feu » sur la langue et sur les bras, sensations de « coups de tampon » sur tout le corps.

Un peu plus tard, c'est-à-dire une vingtaine de jours après, M. F... eut une vision qu'il détaille fort bien : il aperçut un matin, au-dessus de son lit un voile triangulaire de grandes dimensions, ayant à peu près la forme du cœur de Jésus, dit-il, et couvrant tout le plafond de sa chambre, ce voile était de couleur bleuâtre, d'une nuance indescriptible, il portait écrit en lettres de diamant le mot : INRI.

Au-dessous de ce voile était un puits à la margelle d'or avec un seau dont le diamètre était égal à celui de l'orifice même du puits. Il vit le seau descendre et remonter, mais vide, en même temps qu'il entendait distinctement les paroles suivantes : « Première descente du Christ sur la terre, le seau descend à vide et remonte sans avoir trouvé la vérité ». Puis tout disparut.

Quelques jours après il eut une seconde vision d'un caractère plus terrifiant : Un moine à cagoule était debout, vêtu d'une robe jaune rayée de noir, les bras droits, pendant le long du corps, on n'apercevait de lui que les yeux et la bouche par les ouvertures de la cagoule. Auprès de lui se tenait une sorte d'homme colossal, le démon, en position demi-accroupie et dont l'anus largement ouvert laissait échapper des lames de feu qui remontaient dans les yeux et dans la bouche du moine, ainsi que sur lui-même et coulaient ensuite par terre. Devant ces deux êtres, Allan Kardec était en jugement ; et des voix se faisaient entendre qui lui disaient que le moine à cagoule n'était autre que lui-même.

Ces hallucinations de la vue ne se reproduisirent plus guère par la suite. Seules, les hallucinations auditives, les phénomènes grapho-moteurs, et les troubles de la sensibilité générale persistèrent, ces derniers notablement diminués d'ailleurs.

Malgré tout cela, pendant plus d'un an, M. F... n'en continua pas moins à exercer rigoureusement son métier. Cependant, depuis trois mois environ, tourmenté par ses voix, tracassé par ses sensations douloureuses, il se décide à voir un médecin. Il vit d'abord le Dr X... qui le soigna par l'électricité sans obtenir de grands résultats, le malade vint alors à la Salpêtrière où nous l'avons examiné avec M. le Dr Vigouroux de l'asile de Vaucluse

C'est un homme assez grand et fort, âgé de cinquante ans, bien constitué physiquement. Il vit avec une femme qu'il a rencontrée il n'y a que quelques mois dans des groupes spirites et qui, comme lui, « a l'écriture ».

On constate chez lui un certain degré d'asymétrie faciale, l'hémiface droite est plus petite que la gauche. Les pupilles ne sont pas égales, mais cette inégalité est variable, c'est tantôt la pupille droite, tantôt la gauche qui est plus grande. Elles réagissent à l'accommodation, mais ne réagissent que faiblement à la lumière. Le signe d'Argyll est en somme peu net et très inconstant. Léger tremblement vermiculaire de la langue. Les oreilles sont larges et non ourlées, mais bien détachées. Les réflexes rotuliens sont un peu exagérés des deux côtés.

L'examen de la sensibilité donne des résultats très variables ; on constate chez lui des zones d'hypoesthésie ou même d'anesthésie ; mais elles sont inconstantes et irrégulières, elles sont remplacées à certains moments par de l'hyperesthésie manifeste, mais aussi fugace et passagère. Et ces troubles sont beaucoup plus marqués sur le côté droit du corps que sur le côté gauche.

La mémoire ne paraît pas avoir conservé toute son intégrité ; les renseignements qu'il nous donne sur sa jeunesse sont assez vagues, et lui demandent beaucoup de réflexion. Il est plus net sur les faits récents bien que très peu fixé sur les dates.

Il paraît en outre présenter quelques troubles de la représentation mentale. Il lui est impossible de se rappeler mentalement les traits de la femme avec laquelle il a quitté le séminaire, bien qu'il ait vécu avec elle pendant quelque temps ; impossible aussi de se remémorer les traits de sa mère, morte depuis longtemps, pas plus que de son père mort il y a seulement six ou sept ans. Par contre il se rappelle très bien le visage de son frère ; mais il le voit souvent, il l'a vu, il y a à peine quelques jours.

Le malade nous décrit parfaitement les différents caractères de ses hallucinations et de ses troubles psycho-moteurs.

L'écriture automatique n'a jamais cessé chez lui, tous les jours il écrit ainsi plusieurs pages. Les visions, si elles n'ont pas complètement disparu, sont très rares et très peu nettes « encore à peine de temps en temps quelques lueurs de bleu tachées de noir », dit-il. Quant aux hallucinations auditives et de la sensibilité générale elles n'ont fait que croître et se préciser, les premières surtout. Le malade les entend dans l'oreille, elles ont un timbre criard et désagréable, tout à fait spécial, timbre qui n'a jamais été entendu par personne. En nous les décrivant, M. F... laisse percer quelques idées vagues de persécution qui se préciseront dans la suite. « Les voix, dit-il, ont quelquefois cherché à me détourner de mon travail et à me tromper, elles ont changé de timbre, mais malgré cela je les ai toujours reconnues. » Tantôt elles lui adressent des injures, ce sont alors les mauvais esprits ; tantôt elles lui adressent des paroles consolantes et lui enseignent les maximes de la plus haute philosophie. Ce sont les bons esprits, qui depuis quelque temps ont pris le dessus et qui lui disent des choses vraiment merveilleuses et admirables : « Il est un descen« dant direct d'Attila par les mâles. C'était le roi des Huns et des « cieux qui a attiré sa puissance sur tous ses descendants directs. « Nouvel Allan Kardec, il est précurseur et régénérateur. Seul il « est accessible aux esprits qui vont le conduire à une très haute « situation. Le spiritisme deviendra bientôt une doctrine univer« selle, il sera le phare de l'espérance contenant la science de « l'invisible et du visible. L'âme est l'étincelle brûlante, réelle « et irradiante, centre d'attraction du fluide subtil et éthéré qui « forme l'intelligence et se développe dans le cerveau. »

C'est ainsi que le malade parle devant nous, ne faisant que répéter ce que lui disent les voix dans l'oreille. Il ne fait pas de difficulté pour se mettre en position d'écrire et nous trace plusieurs pages d'écriture automatique : ce sont les mêmes idées, ce sont les mêmes termes. Le malade reconnaît lui-même que les choses qu'il écrit sans le savoir sont les mêmes que celles qu'il entend. Il reconnaît d'ailleurs que tout cela n'est pas très clair, et que de tout ce que lui ont prédit ses voix jusqu'à présent, rien ne s'est réalisé. Aussi reste-t-il très sceptique et ne croit-il pas à la réalité de leurs prédictions.

Cependant il se croit toujours sous l'influence fluidique des esprits : il sent toujours des picotements, dit-il, ils sont moins forts qu'au début et sont localisés tantôt sur le bras, tantôt dans le dos, mais surtout au niveau des organes génitaux. Et depuis environ trois mois, les esprits qui le travaillent ainsi sont devenus méchants. Ils ont commencé par lui « nouer l'aiguillette, dit-il : « Tu coïteras fluidiquement, comme nous, ou tu ne coïteras pas », lui ont prédit ses voix. Et en effet lorsqu'il cherche à pratiquer le coït avec sa maîtresse, l'érection ne peut pas durer longtemps, il sent qu'il devient de plus en plus impuissant, et au lieu d'achever le coït d'une façon normale, il sent sur le bout de la verge comme une fraîcheur qui l'arrête. Cet arrêt n'est pas définitif car il lutte de tout son pouvoir et au bout d'un certain temps plus ou moins long, il éprouve quand même le spasme génital et arrive à éjaculer. Mais l'éjaculation se produit parfois sans qu'il éprouve aucunement le spasme.

Ces troubles qui se produisent chez lui pour la première fois l'affectent beaucoup, et ce qui n'est peut-être chez lui que la conséquence de l'âge, il l'attribue à une influence nuisible de la part des esprits qui lui parlent dans l'oreille.

Ces voix, il n'y attache plus d'importance, il croit que lorsqu'elles cesseront il redeviendra puissant comme dans sa jeunesse, aussi veut-il faire tous ses efforts pour arriver à s'en débarrasser : « Pour le moment, nous dit-il, je ne crois plus qu'à ce « que je vois, je touche et entends. Or j'entends des voix et j'écris « automatiquement, voilà la réalité ; *ma main n'est plus qu'une* « *machine à écrire ni plus, ni moins.* »

Au début il y avait ajouté foi, croyant être en relations avec quelqu'un de ses parents ignorés, mais il se rend bien compte à présent qu'il n'a été que le jouet d'hallucinations.

Il espère qu'on va l'en guérir. Pour lui il a la ferme volonté de ne plus écrire et de ne plus faire tourner de tables. Il va retourner en Algérie à son travail, car ses voix ne répondent à rien de réel et ne sont que des mensonges.

Observation IV (Seglas, in *Leçons cliniques*).

Madame P..., 41 ans, entrée à la Salpêtrière, le 31 août 1880.

Père déséquilibré et buveur (seul renseignement obtenu sur les antécédents de famille).

La malade est restée en pension jusqu'à 21 ans. Réglée à 15 ans, d'un caractère excentrique, très orgueilleuse, elle rêvait d'arriver à une grande position. Elle eut toujours l'esprit enclin au merveilleux. Elle a commencé de nombreux métiers dont elle se fatiguait tout de suite. Finalement elle est devenue sage-femme.

Depuis deux ou trois ans elle lisait des livres de spiritisme et fréquentait des sociétés de magnétiseurs et de spirites.

Jusqu'alors elle était restée incrédule ; mais un jour, six mois avant son entrée, on évoqua devant elle l'esprit de sa mère et d'Allan Kardec qui lui défendit de s'occuper de spiritisme. Obsédée par l'idée d'entrer en commerce avec les esprits elle se mit pendant des semaines à faire tourner des tables sans grand résultat. Une nuit, alors qu'elle évoquait les esprits, elle perçut très distinctement une voix qui se *faisait entendre en elle*. Elle se disait l'âme de Paganini et lui ordonnait d'aller au piano. Elle entendit alors une voix chanter au dedans d'elle-même. Elle entendait une phrase musicale entière et la répétait. « C'était admirable. »

Depuis lors elle entend toujours des voix du même genre. Ce sont toujours des esprits de grands personnages qui conversent avec elle agréablement. Quelquefois elle se sent tiraillée de côté et d'autre par des esprits différents qu'elle ne peut discerner. Ces voix sont nocturnes ; en même temps elle voit se dessiner des tableaux et des personnages en relief, mais vaporeux comme des ombres. Ces visions sont toujours de caractère agréable.

Vers le sixième mois, elle s'éveilla une nuit comme d'habitude et se sentit *forcée de chanter malgré elle*, sa voix avait un timbre *admirable* et les morceaux qu'elle chantait sans les connaître étaient *admirables*. Depuis ce temps les esprits s'exprimaient souvent par sa bouche. *Elle parlait malgré elle.* C'était comme une puissance surhumaine qui la faisait parler sans qu'elle pût résister. Les paroles lui venaient naturellement sans qu'elle réfléchit. C'était comme une improvisation de l'esprit et c'était toujours admirable. Paganini, Lamennais, etc. chantaient ou parlaient ainsi par sa bouche. Elle oubliait de suite ces chants et ces paroles.

C'est l'esprit de Pinel qui lui a ordonné de venir à la Salpêtrière. Elle a résisté plusieurs mois, mais cette voix intérieure ne cessait de lui répéter le même ordre et elle s'est trouvée forcée d'obéir : « C'est là seulement, lui disait la voix, que tu trouveras le repos. »

A son entrée, outre le développement par degrés de l'hallucination motrice, ce qu'on trouve de plus curieux est l'écriture automatique.

L'esprit d'Allan Kardec dit un jour intérieurement : « Je veux que Mme P... s'exerce à l'écriture. »

Elle a pris un crayon et alors elle a senti sa main « comme saisie, s'en aller sans violence » écrivant des vers. Quand c'était fini, sa main s'arrêtait toute seule. Elle ne savait pas ce qu'elle écrivait, et lorsqu'elle se relisait elle était stupéfaite de voir que c'étaient d'*admirables poésies*. Son écriture n'était pas changée.

Le caractère automatique et inconscient de l'écriture est encore plus net dans les faits suivants, plus fréquents que les autres.

Elle ne traçait quelquefois sur le papier que des caractères incompréhensibles, elle croyait ainsi écrire « dans des langues égyptiennes » et elle était obligée de faire appel à la typtologie de la table tournante pour traduire son écrit en français et se rendre ainsi compte de son contenu.

Il nous a été impossible de provoquer devant nous l'écriture automatique. Ces troubles particuliers du langage écrit ne se produisent d'ailleurs que rarement, bien que Mme P... écrive beaucoup.

Elle écrit la plupart du temps, d'elle-même, les pensées dictées par les voix intérieures, elle sait que c'est elle qui écrit, elle sait ce qu'elle écrit ; mais ce n'est pas pour elle l'expression de sa propre pensée.

Nous mettons en relief le caractère moteur de ses hallucinations en la priant d'écrire devant nous ce que l'esprit lui révélerait. Elle trace alors de son écriture ordinaire une longue page assez incohérente et pendant tout ce temps, on la voit nettement remuer les lèvres, comme se dictant à elle-même, mais elle ne prête pas l'oreille, ni ne détourne la tête comme le font d'ordinaire les hallucinés qui écrivent sous la dictée de leurs voix auditives.

Mme P... est d'ailleurs une véritable graphomane écrivant tout le temps et partout, elle se sert de plumes, de crayons, de bouts d'allumettes, consomme une quantité prodigieuse de papier. Pas un espace n'est perdu, elle écrit en marge, elle écrit sur les journaux, sur les lettres qu'elle reçoit, sur tous les chiffons de papier qu'elle ramasse, sur des cartons d'emballage, etc. Ces écrits ont certains caractères particuliers. D'abord ils débutent toujours par le même mot « Dieu » écrit sur la même ligne à trois reprises, séparées par un certain espace et surmonté d'une croix. Souvent, elle répète en dessous l'invocation suivante : « Mon Dieu ! ayez pitié de nous, et tous ensemble nous chanterons vos louanges pendant l'éternité des siècles. » Puis suit le texte : Invocations aux esprits, révélations, prophéties que la malade trouve admirables, mais qui ne sont qu'insignifiantes, sinon parfaitement incohérentes. Écrits peu variés tournant toujours dans le même cercle, avec abus de prépositions, d'épithètes singulières avec des qualificatifs contradictoires. Le cours de la phrase est souvent interrompu par les mots : « M'entendez-vous » qui assurent en quelque sorte la communication entre les esprits et la malade. A signaler aussi l'interposition de signes en forme de croix, de dessins bizarres agrémentés d'une légende telle que par exemple : « La trompette du jugement dernier » ou « Pour souffleter les imposteurs ».

En parlant de l'écriture automatique, je vous ai dit que la malade traduisait souvent ce qu'elle avait écrit en lettres « égyptiennes » en épelant à l'aide de la table tournante. Elle fait en effet tourner des tables. Nous l'avons priée de se livrer devant nous à cet exercice, et l'expérience, suivant elle, fut démonstrative. Il est incontestable que la table s'est soulevée, que les pieds ont frappé un certain nombre de coups correspondant chaque fois à une lettre déterminée ; mais ce qui est non moins incontestable, ce sont les mouvements exécutés par Mme P... pour arriver à ce résultat. Nous lui avions fait mettre les bras nus, et il était aussi facile que possible de constater la contraction des muscles correspondant à chaque soulèvement de la table, et devenant de plus en plus nette si l'on s'opposait d'autre part à ce déplacement. La malade, tout entière à sa communication, opérant d'ailleurs les yeux fermés d'un air profondément recueilli, affirme ne savoir le texte de la révélation qu'après la traduction des signes donnés par la table. Elle soutient absolument n'avoir fait aucun mouvement et prétend que nous nous trompons certainement lorsque nous lui affirmons en avoir constaté. Les esprits la font encore se lever, marcher malgré elle. Tout cela est indépendant de sa volonté, dit-elle : « C'est du somnambulisme. » Elle en conclut même qu'elle n'est pas responsable, puisque tout ce qu'elle dit ou fait lui est imposé par les esprits.

Ces esprits avec lesquels elle communique sont extrêmement nombreux, se succédant à chaque instant. C'est par exemple : Pinel, Paganini, Lamennais, Sapho, Isabeau de Bavière, Rachel la vierge d'Israël, la grande juive Salomé, Jacob, Sésostris, Catherine de Médicis, Marguerite de Bourgogne, Buridan, Holopherne, Abraham, Allan Kardec, Galilée, Lucifer, etc., etc.

Elle considère tout ce qu'elle éprouve comme une faveur. « Elle ne renoncerait pas pour des millions à cette possession des esprits. Elle a bien eu autrefois des esprits obsesseurs, qu'elle avait sans doute offensés sans le savoir, et qui lui faisaient écrire des choses désagréables ou compromettantes, mais cela n'a été que passager. Toujours elle a eu des révélations admirables de la part d'esprits supérieurs, les seuls à se manifester maintenant.

Sous l'influence de ces idées spirites, le délire revêt un caractère palingnostique aussi accentué que possible : « Croyez-moi, dit Mme P..., je vois et j'entends des choses qui ne m'étonnent nullement, car je les ai déjà vécu. » Elle est convaincue, en effet, d'avoir déjà passé par des existences antérieures, et d'avoir été ainsi George Sand, Clémence Isaure, la fille de La Fontaine, la femme de Buridan, emprisonnée vingt ans par Marguerite de Bourgogne, etc.

De même elle retrouve dans toutes les personnes qui l'entourent des réincarnations de personnages qu'elle a connus. L'interne du service devient ainsi le pape Sixte-Quint, la surveillante est Catherine de Médicis, le Dr P... est Mahomet, moi-même, je suis le fils d'Allan Kardec « qui ne fait qu'un d'autre part avec le grand Pinel d'honorée mémoire, ce père qui m'adore et veut que je restaure la nouvelle Sion (la Salpêtrière) ».

On n'a pu constater au point de vue physique aucune manifestation antérieure même atténuée pouvant se rapporter à l'hystérie, aucun symptôme ou stigmate actuel de cette névrose.

Quelques jours après son internement, Mme P... nous annonce un matin, que depuis quatre jours, « elle a des voix auditives » (sic). Jamais elle n'avait entendu les voix de cette façon ; elle en est enchantée, car c'est la preuve d'un progrès dans la science spirite ; les esprits se manifestent à elle encore plus clairement qu'autrefois. Aussi est-elle plus orgueilleuse, a-t-elle une attitude plus inspirée que jamais.

Néanmoins les voix intérieures persistent toujours ainsi qu'on peut en juger par cette phrase relevée dans les écrits faits à cette époque par la malade : « J'entends mes voix d'une façon auditive et sensitive tout à la fois, auditive comme un être qui vous parlerait à l'oreille et sensitive, c'est-à-dire qu'on perçoit la sensation d'un être habitant la pensée et parlant avec vous. C'est ainsi que j'entends tour à tour, et ces deux voix sont continues, et elles me charment alternativement, et lorsque je les entends à tour de rôle, je suis également émue, et mon cœur et mes sens palpitent, car je vis une triple vie. »

Les hallucinations verbales auditives ne se sont présentées qu'à l'état épisodique, et quelques semaines après la malade dit n'en plus avoir depuis quelques jours déjà. J'ajoute de suite qu'elles n'ont pas reparu.

A cette date, 1er octobre 1880, Mme P... présente toujours les mêmes symptômes que nous venons de passer en revue. De plus elle arrive à formuler de véritables idées mégalomaniaques, c'est ainsi qu'elle est le premier médium du monde ; elle est réellement la prophétesse Anne, et son père en cette vie n'est autre que l'évêque de Tours. Elle est plusieurs fois doctoresse et a fait des découvertes qui révolutionneront l'obstétrique. Elle devient de plus en plus orgueilleuse et arrogante ; elle écrit toujours sous la dictée des esprits des révélations de toute espèce ; mais elle arrive maintenant à s'identifier avec eux et donne ses écrits comme étant ses productions personnelles, bien qu'ils lui soient toujours dictés par des voix intérieures.

A la fin d'octobre apparaissent de nouvelles idées délirantes ; ce sont des idées de persécution. La malade s'excite, s'irrite d'être internée et ne cesse de protester contre cet internement. Il y a un complot terrible d'organisé contre elle. C'est un secret qu'elle a découvert par double vue. On l'a internée par surprise, pour une question d'héritage présumé de 10.000 francs, pour lui voler ses documents spirites, par jalousie de ses découvertes, etc. Ce sont des infamies, des turpitudes. On a brisé son avenir, sa profession, on lui doit pour ce fait une indemnité. Elle se plaint qu'on lui a donné à deux reprises 35 grammes de laudanum dans son café. Elle a reconnu le goût du laudanum et l'a craché, sans cela elle aurait été empoisonnée. Elle est dévorée par un « tœnia cucurbitain » qu'on a fait pénétrer elle ne sait comment dans son corps où elle le sent remuer et qui la dévore.

Les symptômes délirants ont atteint dès lors leur développement complet et persisteront ainsi jusqu'à la mort de la malade : idées de possession théomaniaque toujours prédominantes avec phénomènes moteurs, plus d'hallucinations sensorielles, idées de grandeur, idées de persécution, tout ce délire étroitement systématisé.

Toujours graphomane, mais en même temps qu'elle écrit ses révélations, elle écrit de nombreuses lettres pour réclamer sa sortie.

Il est à noter que ces deux ordres d'écrits diffèrent totalement les uns des autres. Les premiers sont toujours incohérents avec des caractères versifiés, répétitions, formules spéciales, signes intercalés dans le texte. Les seconds sont extrêmement logiques, corrects comme expression des idées, comme forme, comme signes graphiques. Ils n'ont de particulier que leur ton agressif et ne sont en rapport qu'avec les idées de persécutions. Il en est d'autres cependant qui sont en quelque sorte intermédiaires : ce sont ceux dans lesquels la malade réclame, et à côté de ses idées de persécution fait intervenir ses idées de grandeur. Les écrits ont souvent alors une forme allégorique correspondant à l'expression de ces dernières idées, et par leurs caractères de fond et de forme se trouvent participer de l'une et de l'autre des deux catégories d'écrits différents.

C'est dans cet état que la malade est morte le 28 février 1890, à la suite d'un phlegmon du cou. L'autopsie n'a pas été faite, le corps ayant été réclamé par la famille. Je dois vous dire à ce propos, que ses parents, le père et le frère, bien qu'isolés de la malade, finissaient par partager son délire et nous menaçaient avec elle de nous demander des dommages-intérêts si nous ne lui rendions pas la liberté.

OBSERVATION V (M. le professeur JOFFROY, *Leçons cliniques de l'asile Sainte-Anne*) (1). — *Dégénérescence mentale.* — *Délire consécutif à des pratiques spirites.*

Mme B..., âgée de 38 ans, professeur de français et de piano. Elle est fille d'un paralytique général. Sa mère est encore vivante et souffre d'ostéite tuberculeuse (?). C'est une femme paraissant bien équilibrée, mais qui s'occupe de spiritisme depuis plusieurs années, au seul point de vue moral dit-elle ; toujours est-il que c'est elle qui introduisit sa fille, notre malade actuelle, dans les milieux spirites. Des six enfants nés de cette union, quatre seraient morts en bas âge, deux ont survécu, un fils est mort à 31 ans de la fièvre typhoïde ; c'était un sujet nerveux, impressionnable, un peu bohème.

(1) Leçon recueillie par le Dr Roy, chef de clinique.

La sœur que vous allez voir a toujours été déséquilibrée : intelligente, spirituelle, mais très indocile, elle a commencé dès l'âge de 14 ans à faire le désespoir de sa mère ; une horreur instinctive du banal lui faisait rechercher les mises voyantes et tapageuses et se donner des allures artistes et bizarres ; à l'âge de 20 ans simplement pour être drôle, elle a coupé ses cheveux.

A 21 ans elle se marie. Constatez ici combien se vérifie la loi de Falret qui prétend que les nerveux se recherchent et s'épousent et écoutez l'histoire de ce mariage : la mère qu'inquiétaient déjà les excentricités de sa fille, déconseilla formellement le fiancé de donner suite à l'union projetée, d'ailleurs la jeune fille le refusa catégoriquement. Fou de douleur, le fiancé quitte Paris et va se cloîtrer au couvent du mont Saint-Bernard ; ce que voyant, la jeune fille, surprise par l'originalité d'un tel désespoir, s'éprend à nouveau de son fiancé, le rappelle et épouse l'ancien moine. Ce que fut un tel ménage, vous le devinez sans peine : sachez seulement que la malade se vante encore aujourd'hui de n'avoir jamais eu de rapports sexuels avec son mari et qu'au bout de quelques mois de vie commune, le mari était au Brésil, occupé dans une exploitation agricole, tandis que la femme était institutrice en Russie. Quelques années plus tard, le mari se suicidait en absorbant un bol d'acide phénique.

La mort de son mari n'interrompit pas l'existence aventureuse de Mme B..., elle eut des amours, surtout platoniques (car elle proteste toujours d'une grande frigidité génitale), avec des peintres, des étudiants en médecine qu'elle choisissait à son image, c'est-à-dire aussi déséquilibrés qu'elle. Ce fut un étudiant en médecine qui l'initia d'abord aux pratiques du spiritisme, ensuite sa mère la conduisit à une réunion de spirites dont bientôt elle ne manqua pas une séance.

Ces temps derniers, Mme B... tenait une petite pension à Auteuil ; son entourage ne tarda pas à être frappé de ses allures excentriques : au mois de janvier dernier elle resta plus de 10 jours sans manger ; les périodes de jeûne recommencèrent aux vacances de Pâques ; en même temps elle négligeait son intérieur, ne prenait aucun soin de sa personne, refusait de recevoir aucune visite et ne voulait plus voir sa mère, si bien que celle-ci se décida à demander son internement.

Mme B... se présente devant vous les cheveux épars sur les épaules avec un cordon de ficelle bleue en guise d'auréole. Ecoutez-là vous conter ses rapports avec Mahomet ou Cagliostro. Ecoutez aussi la liste incohérente et nombreuse de ses incarnations ; elle vous apprend qu'elle a été tour à tour Sapho, sainte Madeleine (« J'ai été jalouse de Jésus, à cause d'elle »), Messaline, Carmen, Musette, Mignon, Hamlet, Gabrielle d'Estrées (« C'est moi qui aidai Henri IV à entrer dans Paris »).

Que n'a-t-elle pas été encore ? Elle fut druidesse, empereur d'Orient, c'est elle qui a fait brûler Rome, etc.

Pour lors, elle est la fille chérie de son prophète Mahomet. Son prophète, elle l'entend à tout instant, nuit et jour ; tantôt il parle à voix haute, tantôt à voix chuchotée ; d'autres fois, il se sert de la *voix fluidique* ; c'est une voix « qui résonne au cœur », nullement comparable aux voix normales, mais assez semblable à celles que l'on croit entendre en rêve.

Elle n'a jamais vu que de mauvais esprits ; mais ces visions ne doivent pas être bien nettes, car pour les décrire, elle se contente de nous dire que « c'est de la matière plus subtile ». Vers l'âge de 30 ans, elle a vu son père ; il était en jeune homme, mais il n'a pas pu lui parler. D'ailleurs, elle nous dit que la plupart des visions sont silencieuses : c'est par les yeux qu'on se parle ; pour que la parole intervienne, il faut que l'on ait des choses compliquées à communiquer. Il n'y a pas longtemps, elle a vu la bataille de Wagram ; ou bien encore, elle vivra toute une nuit, par exemple, avec des gens armés. Une autre fois, elle a vu Marie, une de ses compagnes, qui était transformée en une statue énorme placée dans une baignoire colossale. « C'est un peu, dit-elle, comme un cinématographe, mais qui ne ferait pas de bruit. »

Mais elle éprouve bien d'autres sensations : elle sent des craquements qui lui sont envoyés par les mauvais esprits, « on dirait que ce sont ses côtes que l'on brise ». Elle a aussi des émotions voluptueuses, des jouissances qui commencent par les organes génitaux, mais qui ne ressemblent nullement aux contacts masculins, « c'est comme un enveloppement général ».

Puis elle sent des odeurs particulières, une odeur de tabac qui lui vient par les fluides. Le plus souvent, « ces odeurs ont un goût qu'elle retrouve dans ses aliments » : à plusieurs reprises, on a tenté de l'empoisonner, en mettant du plomb dans sa nourriture, de manière à lui donner des coliques de plomb.

Enfin les bons et les mauvais esprits ne se contentent pas de lui faire voir, entendre, sentir et goûter toutes sortes de choses ; ils la font agir même contre son gré : à l'aide de la magie noire, on s'est servi de sa bouche et de sa langue pour parler, et les mauvais esprits l'obligeaient ainsi à dire des grossiéretés, tout à fait contraires à son caractère et à son éducation. De même, pendant quelque temps, elle a beaucoup écrit : Cagliostro lui dictait ses volontés, et elle écrivait mécaniquement. Nous avons ici un grand nombre de lettres écrites et signées de Cagliostro, d'une grosse écriture à grands jambages et lettres séparées, très différentes, au moins en apparence, des lettres qu'à la même époque Mme B... adressait à sa mère, et dans lesquelles se retrouve l'écriture courante, fine et régulière de la malade. Aujourd'hui, Mahomet se sert encore de sa main pour écrire, mais elle reconnaît elle-même qu'elle n'est plus un médium mécanique ; il y a entre elle et son prophète une sorte de collaboration, bien qu'elle ne sache pas à l'avance ce qu'elle va écrire ; elle n'écrit pas sans s'en douter, mais elle a l'intuition, et les mots viennent au fur et à mesure.

Vous voyez ainsi tous les avantages et les inconvénients de l'existence médiumnique menée par notre malade. Elle est sans cesse le jouet des luttes entre la magie blanche et la magie noire ; son prophète la défend heureusement contre les mauvais esprits ; mais parfois ceux-ci l'emportent et écoutez le récit du terrible supplice du chat, supplice épouvantable qui n'existe que dans l'au-delà, dont le seul souvenir suffit à la remplir d'effroi et qui consiste pour la suppliciée à avoir une tête de chat dans la bouche.

Pour se défendre contre ces maléfices et contre toutes les mauvaises influences, elle se sert aussi des passes magnétiques : sans cesse nous la voyons arroser de fluide les personnes qui l'entourent ou qui la visitent ; elle a ainsi guéri un grand nombre de malades dans nos salles, et débarrassé de la magie noire beaucoup de nos excités maniaques. Pour moi, elle veut bien me reconnaître comme imprégné de magie blanche ; mais vous voyez que plusieurs de mes auditeurs n'ont pas le même privilège et ont besoin des effluves magnétiques que, tout en parlant, la malade dirige vers eux.

Si nous interrogeons Mme B... sur les faits qui ont amené son internement, vous l'entendrez déclarer que ses jeûnes répétés étaient destinés à développer sa médiumnité ; sans doute serait-elle devenue un pur esprit, si on l'eût laissé poursuivre l'expérience. Dans sa chambre d'Auteuil, où régnait le plus grand désordre, elle avait laissé une grande cuvette pleine de sang et d'urine, destinée à combattre Napoléon, et aussi la fièvre jaune qui sévissait à Auteuil, par suite des maléfices du curé d'Auteuil, adepte de l'envoûtement et empoisonneur d'hosties.

Ici, malgré qu'elle y soit venue contre son gré et qu'elle garde rancune à sa mère de l'y avoir conduite, elle reconnaît s'être beaucoup épurée : elle reste ainsi très calme, ne faisant aucune difficulté pour se nourrir, prise parfois au contraire d'un grand désir de manger des chaussons aux pommes ; elle passe son temps à guérir nos malades par ses effluves bienfaisantes.

Messieurs, j'ai tenu à vous faire raconter par la malade elle-même tous les troubles auxquels elle est en proie ; et vous avez vu qu'elle l'a fait avec une *lucidité* remarquable. Elle cause volontiers ; et visiblement elle était heureuse de pouvoir dévoiler devant vous quelques-uns des mystères du spiritisme. Je n'ai pas besoin d'insister sur le fait qu'il s'agit bien là d'une malade ; à certains traits particulièrement incohérents ou absurdes de sa conversation, il est impossible de s'y méprendre.

De tous les phénomènes morbides présentés par cette malade, les hallucinations sont assurément au premier plan ; et j'ai pu, par mon interrogatoire, lui faire raconter ses hallucinations de l'ouïe, de la vue, du goût, de l'odorat, de la sensibilité générale. Je ne reviendrai pas sur tout ce que Mme B... voit, entend ou sent, en dehors de toute réalité. Mais je tiens à vous faire observer le caractère particulier d'une partie de ses hallucinations qui les rapproche peut-être davantage des hallucinations psychiques que des hallucinations véritables. Par exemple, pour les hallucinations visuelles, elle fait une distinction très nette entre ses hallucinations qu'elle dénomme matérielles et celles qu'elle qualifie d'immatérielles ; celles-ci sont quelquefois désirées, presque voulues. — Y a-t-il véritablement alors perception sans objet? — Il est très difficile de l'affirmer, parce que ces sortes d'hallucinations ont, dit-elle, des contours vaporeux. Peut-être bien ne s'agit-il là que d'une réminiscence très accusée, c'est-à-dire d'une hallucination psychique par vision mentale singulièrement aiguisée. On peut en effet observer tous les intermédiaires entre la perception nette et réelle d'une part, et d'autre part la simple réminiscence, entre les hallucinations vraies et les hallucinations du souvenir ou psychiques.

Il en est de même pour les hallucinations de l'ouïe. Elle est bien en rapport avec le prophète Mahomet, par des voix hautes ou chuchotées, mais parfois elle vous a dit que ce n'était pas par une voix semblable à celle qui résonne habituellement à nos oreilles ; pour cette *voix fluidique*, les caractères qu'elle nous en a donnés, en font pour elle quelque chose d'immatériel.

J'insisterai davantage sur les phénomènes psycho-moteurs présentés par cette malade. On pourrait se demander si nous ne nous trouvons pas en présence de véritables hallucinations psycho-motrices : ainsi elle entend parfois Mahomet dans sa tête, la voix du prophète résonne dans son cœur, on la force à dire des mots grossiers, etc. Pour l'*écriture automatique*, la malade reconnaît elle-même qu'elle n'est plus aujourd'hui un médium mécanique et inconscient : nous l'avons fait écrire et vous avez pu vous rendre compte qu'il s'agissait d'une écriture consciente qu'elle attribue ensuite, simplement par interprétation délirante, à la dictée du prophète. Mme B... est un médium écrivain, mais simplement obéissant et nullement automatique.

Joignons à cela quelques idées de persécution, assez communes d'ailleurs chez tous les délirants spirites : opposition entre les bons et les mauvais esprits, craintes d'empoisonnement, supplice du chat et un certain nombre d'autres particularités qui rapprochent son délire des délires systématisés. A cela se joignent encore quelques idées de grandeur comme en ont presque tous les dégénérés à certaines périodes de leur histoire : elle guérit les malades, calme les agités et réconforte les mélancoliques.

Ses réincarnations ne sont que le produit des connaissances antérieurement acquises, emmagasinées dans sa conscience subliminale ; étant professeur de piano, il était tout naturel qu'elle allât chercher surtout ses héroïnes dans le répertoire des opéras.

Chez cette malade, l'obéissance aux ordres aveugles des esprits est une analogie de plus avec le mystique qui obéit aveuglément aux ordres divins. Nous reviendrons d'ailleurs là-dessus dans notre discussion.

OBSERVATION VI (M. le Dr VIGOUROUX).

Mme B... Marie, Vve H..., 57 ans.

Physiquement, elle est très bien constituée.

Son intelligence a bien été un peu débile. Elle a peu fréquenté l'école, elle lit, écrit et compte assez difficilement.

Cependant, elle a été treize ans domestique dans la même maison.

Antécédents héréditaires. — Père et mère cultivateurs, sont morts âgés.

Elle a eu six frères et quatre sœurs en bonne santé (un de ses frères cependant est mort de fièvre jaune en Afrique).

Antécédents personnels. — Elle n'a jamais été malade, seulement un peu souffrante au moment de la puberté survenue à l'âge de 18 ans. A partir de cet âge jusqu'à la ménopause (52 ans), elle a été réglée régulièrement. Elle n'a eu ni enfants, ni fausse couche.

A l'âge de 21 ans, elle vint à Paris où elle se plaça comme domestique. Elle y resta treize ans et ses maîtres, très contents d'elle, la firent marier avec un employé d'octroi.

Bien qu'ayant reçu une éducation religieuse, elle pratiqua peu pendant son service, mais une fois mariée, n'ayant que très peu de choses à faire dans son ménage, elle se mit à suivre régulièrement les offices, à prier et à communier souvent.

En 1880, elle fait la connaissance d'une voisine qui l'amena à une séance de spiritisme, et alors son existence changea. Cette réunion fit une grande impression chez elle, et elle fut vivement frappée par la foi des assistants et l'évocation des esprits. Elle devint une assistante assidue et une adepte fervente du spiritisme. Les prières, les bonnes paroles et la simplicité de la doctrine la touchèrent. Elle comprit « qu'on pouvait vivre avec Dieu sans suivre les exercices compliqués de la religion catholique ».

Pour ne pas inquiéter son mari par des absences régulières et pour lui faire aussi profiter de sa découverte, elle lui avoua son assiduité aux séances de spiritisme et l'emmena avec elle. Ils devinrent bientôt de fervents adeptes, et de 1880 à 1888, ils assistèrent régulièrement à deux réunions par semaine.

Les séances commençaient par une prière faite en commun : on demandait à Dieu de faire incarner dans le médium soit un esprit souffrant, soit un esprit instructeur. Dans ce dernier cas l'esprit instructeur disait de bonnes paroles, faisait des instructions morales, recommandait de faire le bien, etc. Puis dans une seconde partie de la séance les assistants demandaient au guide de faire descendre dans le médium endormi l'esprit d'un parent ou d'un ami décédé. L'assistant interrogateur mettait sa main dans celle du médium et la conversation commençait. Les assistants « qui avaient la vue » voyaient l'âme fluidique du médium sortir de son corps où elle était remplacée par l'esprit invoqué. Pendant toute la séance cette âme fluidique planait au-dessus du médium. Au début, ni elle, ni son mari ne voyaient rien ; ce n'est qu'au bout d'un certain temps qu'elle a commencé par devenir « auditive et visuelle ». Dans d'autres séances le médium écrivait les communications des esprits, et son mari devint à son tour médium écrivain. Ces séances se terminaient par des prières, et aussi par une quête en faveur des médiums. Jamais, ni l'un ni l'autre ne servirent de médium dans des séances publiques.

Mme B... ne devint pas médium visuel et auditif de prime abord. Elle avait été frappée d'entendre ses voisins de réunion lui raconter qu'ils voyaient les âmes fluidiques des médiums et que chez eux ils pouvaient à leur gré voir et entendre les esprits évoqués ; elle les enviait et priait pour « obtenir la vue ».

Après cinq ou six ans d'entraînement les visions apparurent et lui furent d'abord plutôt désagréables. C'étaient en effet des follets qui prenant toutes sortes de formes fantastiques, se jouaient d'elle. Elle eut peur, mais l'âme de son père lui apparut pour la consoler et lui dit de persévérer, que c'était par la prière que « la vue se développait ». Elle persista en effet et acquit la vue et l'ouïe. Non seulement dans les réunions elle voyait l'esprit s'incarner et l'âme fluidique du médium planer au-dessus de son corps, mais elle devint médium à son tour, et chez elle après une bonne prière elle pouvait évoquer tel esprit qu'elle désirait. Son mari priait avec elle, mais il n'entendait ni ne voyait rien, il ne pouvait qu'écrire les communications des esprits évoqués.

En 1888, c'est-à-dire après huit ans de ces pratiques, le mari eut sa retraite d'employé d'octroi, et ils se retirèrent à la campagne, dans la Meuse, où ils s'occupèrent de culture et d'élevage des abeilles. Le changement d'occupations produisit un effet différent chez les époux. Le mari, tout entier à sa culture et son élevage renonça à se servir de « l'écriture » tandis que sa femme continua ses évocations et racontait à son mari ce qu'elle entendait. Ils étaient tenus au courant par une revue spirite.

Après un an de cette vie relativement calme le mari mourut, et Mme B..., restée seule et attristée par cette mort, n'eut plus qu'une idée : Revenir à Paris et fréquenter les réunions. Elle trouva du reste de rapides consolations dans les pratiques spirites, car huit jours à peine après la mort de son mari ce dernier lui apparaissait et l'entretenait ; vers cette époque la ménopause était survenue sans grand accident.

En 1894, elle revient à Paris et va de réunions en réunions, séances de spiritisme, d'hypnotisme, etc. Elle vivait seule, de ses rentes, dans une maison de la rue Traversière.

Bientôt elle s'aperçut que ses voisins, pauvres ouvriers, la jalousaient de la voir vivre et ne rien faire. L'un deux, « M. S..., se mit à « l'hypnotiser » : Il lui envoyait du fluide » ; et quand le fluide s'emparait d'elle, elle se sentait serrée comme dans un étau et avait conscience qu'une volonté plus forte que la sienne s'emparait d'elle. Alors ce fluide la faisait parler, prier, lire à haute voix, lui faisait prononcer des paroles qu'elle ne voulait pas dire et que même elle savait mensongères ; d'autres fois il l'empêchait de parler. Quand elle lisait, le fluide substituait aux lettres imprimées « des mots écrits avec du sang ». Ces mots étaient dirigés contre la religion. D'autres fois le fluide se condensait et devenait visible ; il prenait la forme d'hommes ou de femmes masqués qui la suivaient dans la rue ; par la prière elle s'efforçait de repousser ce mauvais fluide.

Décidée à quitter le logement qu'elle habitait, elle sortit pour en chercher un autre qu'elle put retenir. D'abord elle se sentit suivie par des agents de la fausse police et se sentit sous l'influence du fluide : partout où elle s'adressait les concierges étaient empêchés de lui louer. Découragée, elle s'assit à la terrasse d'un café et resta là, anéantie, jusqu'à ce qu'on lui dise de s'en aller. Elle ne pouvait plus se lever ni quitter sa chaise. « Tout dans ce café la retenait, l'empêchait de partir. » Elle alla cependant chercher du secours près d'une amie spirite comme elle ; et dans les rues qu'elle traversait, elle voyait s'amasser des foules. C'était comme des gens qui allaient se battre. Il lui semblait qu'elle ne pourrait jamais traverser une telle foule : c'étaient des esprits fluidiques. Son amie spirite « qui n'avait pas la vue » ne voyait rien et la reconduisit chez elle. Là les tourments recommencèrent de plus belle, le fluide la forçait de se lever et de se mettre à la fenêtre, ou lui « subtilisait » de faire son testament et de déshériter son frère (elle entendait alors des voix lui parler). On lui « subtilisa » d'aller se faire tuer au pied de la colonne de la Bastille, où elle avait soulevé une émeute et causé la mort de beaucoup de personnes. Son frère, averti, vint et fit appeler un médecin ; celui-ci la crut folle car le fluide l'empêcha totalement de s'expliquer.

Emmenée à Sainte-Anne, puis à Ville-Evrard (mai 1895) elle continua à être sous l'influence du fluide : les filles de service l'hypnotisaient et lui faisaient dire des mensonges. C'est ainsi qu'elle avoua à M. Febvré avoir volé du linge à ses maîtres, ce qu'elle savait être faux. Elle eut aussi la tête « clousquée ».

Pendant son séjour à Ville-Evrard (mai 1895 à septembre 1896) l'hypnotisme était trop fort pour lui permettre de lutter contre lui. Cependant à la fin de son séjour il faiblit et elle put assembler quelques mots de prière. Alors elle commença à lutter et ses prières eurent un effet puissant contre le fluide ; même elle put prier tout haut pour d'autres malades qu'elle voyait empêchées de le faire. Elle eut une vision à l'asile de Bégard où elle fut transférée. L'hypnotisme fut définitivement vaincu par le spiritisme et les apparitions mauvaises, terrifiantes, involontaires, firent place à des apparitions bonnes, réconfortantes et volontaires.

Par la prière elle obtint en effet à Bégard, et obtient encore de bonnes apparitions. Elle demande à Dieu de lui envoyer des esprits qui lui veulent du bien, et alors lui apparaissent des formes humaines fluidiques, ce sont des apparitions lumineuses, éblouissantes tant elles sont belles. Leur influence est si bonne et si fortifiante que lorsqu'on les voit « on se sent léger et qu'on voudrait s'élever avec eux. Ils parlent aussi, d'une voix douce et suave ». Ils prononcent des paroles réconfortantes : « Espoir, courage, tu viendras avec nous. » Ce sont des esprits supérieurs. Les esprits moins élevés, son mari ou son père, par exemple, lui apparaissent avec toutes les apparences de la matière ; ils sont habillés tels qu'ils étaient avant leur mort. Ils causent et l'entretiennent des choses de l'au-delà, de leurs souffrances et de leur purification.

Ces apparitions ne surviennent pas toujours au moment de l'évocation ; elles se font attendre quelques heures et parfois quelques jours, elles se montrent le plus souvent quand elle est seule ; mais pas d'une façon constante, la nuit comme le jour. D'autres fois des esprits qui souffrent, des follets, apparaissent avec des masques sur la figure et cherchent à la taquiner, mais la prière les repousse facilement.

Enfin des esprits supérieurs, arrivés à la perfection s'intéressent à elle. Ils s'appellent *Mas*, et elle peut les évoquer à sa fantaisie. Ils l'ont suivie dans son voyage de Bégard à Dum, ils accompagnaient le train de chaque côté de la portière et lui souriaient.

Ces esprits s'emparent parfois de ses organes et parlent par sa bouche. Alors les paroles qu'elle émet ne sont pas d'elle ; elle ne fait que les comprendre par les mouvements d'articulation, et elle est surprise de l'élévation des pensées. C'est ainsi qu'à deux reprises, à Bégard, elle a fait aux sœurs des observations sur leur conduite ; les observations, très justes, n'étaient pas d'elle. En ce moment, débarrassée de l'hypnotisme, dirigée, réconfortée par des esprits supérieurs et familiers, elle se trouve très heureuse, mais cependant elle croit que son devoir est de faire le bien, de secourir par des évocations des esprits souffrants ; et comme elle sent que des esprits supérieurs peuvent s'incarner en elle et parler par sa bouche, elle voudrait retourner à Paris, fréquenter de nouveau les réunions où elle pourrait servir de médium et servir à propager la foi spirite.

Observation VII (Monnier Vinard et Gilbert Ballet). — *Homme de quarante-sept ans. — En 1898, début de l'état actuel par des phénomènes de médiumnité pure. — Délire de persécution surajouté bientôt après. — Hallucinations multiples. — Voyages aux planètes. — Analogies avec le délire de Swedenborg.*

Mathieu C..., âgé de quarante-sept ans, actuellement sans profession.

Antécédents héréditaires. — Ne révèlent rien de particulier.

Antécédents personnels. — Fièvre typhoïde à trente ans. Il a eu la syphilis. La date de l'accident initial a échappé. A l'âge de trente-six ans, il a eu des plaques muqueuses dans la gorge. Plus tard, on lui fit au Val-de-Grâce une staphylorraphie, nécessitée par la perforation du voile du palais consécutive à l'évolution d'une gomme. Depuis, la voix est nasonnée. Pas d'éthylisme.

Histoire de la maladie actuelle. — Le 8 octobre 1902, le malade se présente à la consultation, se plaignant d'être obsédé depuis quatre ans par des esprits qui le persécutent. Il vient nous trouver, afin d'obtenir un certificat médical nécessaire pour appuyer les poursuites qu'il veut intenter à des personnes qu'il accuse de le faire tourmenter par les esprits.

Etant gardien au cimetière du Père-Lachaise, il rencontra, il y a sept ans, une femme qui lui tira les cartes et lui interpréta les lignes de la main. Cette aventure ne l'aurait guère impressionné, il le dit du moins ; mais il déclare que depuis ce moment il se mit à remplir moins exactement ses fonctions ; son caractère s'assombrit, et, en août 1896, il fut révoqué. Il ignore la cause de son renvoi.

Deux ans plus tard, sa femme mourut à l'hôpital Tenon de suites de couches. Bientôt après, l'enfant mourut aussi.

Il y avait trois semaines que sa femme était décédée quand, brusquement, il eut l'impulsion d'écrire la phrase suivante qui, nous dit-il, lui était dictée par l'esprit de la défunte : « Je suis ta femme, je t'aime ; tu te marieras avec Mme Marie P..., qui habite avenue Parmentier, 28. »

Pour la première fois, ainsi, il entra en rapport avec les esprits. Ce phénomène le troubla fort, d'autant plus que, à partir de ce moment, à maintes reprises, l'esprit de sa femme lui dicta diverses phrases. Celle qui revenait le plus souvent était la suivante : « Tu te marieras avec cette femme, tu seras auditif. »

Désireux de s'expliquer ces phénomènes, il se fit admettre dans une société de spirites. Là, il lui fut déclaré qu'il était un grand médium ; on lui enseigna à faire tourner les tables.

Dès ce moment aussi, surtout pendant la nuit, il commença à voir des esprits. Ceux-ci prenaient la forme d'animaux hideux : serpents, crapauds, lézards, ils lui parlaient lui disant : « Ta vie sera pleine d'épreuves. »

Sur ces entrefaites, le hasard fit arriver entre ses mains le prospectus d'une cartomancienne dont l'adresse et le nom correspondaient exactement avec ceux que l'esprit de sa femme faisait écrire : « Mme Marie, avenue Parmentier, 28. » Il s'y rendit : la cartomancienne lui déclara qu'il était un grand médium ; elle lui fit révéler le passé et l'avenir d'une personne présente à l'entretien... Puis se passa une scène lubrique, durant laquelle il semble bien que la cartomancienne ait voulu abuser du malade.

Malgré les singulières manœuvres auxquelles se livra sur lui la tireuse de cartes, il resta calme, absolument ahuri de ce qui se passait, à tel point qu'une fois sorti, il ne put retrouver le chemin de sa demeure.

Depuis le moment où se produisit cette scène, les phénomènes qu'il présentait déjà ne firent que s'accentuer encore davantage. Il voit sans cesse la cartomancienne à ses côtés ; il la voit à tous moments, quelquefois le jour, mais surtout la nuit ; elle le tourmente, elle veut qu'il devienne son amant, et il s'y refuse, car elle est vieille et laide ; puis il pense qu'une fois satisfaite, elle le ferait disparaître.

Toujours encore, il est en relation avec l'esprit de sa femme ; il lui reproche d'avoir pu lui conseiller de se marier avec une personne aussi odieuse que la tireuse de cartes. Il lui demande, mais en vain, de l'en débarrasser.

Il commence alors toute une série de démarches auprès des tribunaux ; il s'adresse au commissaire de police, voulant faire poursuivre la cartomancienne.

Mais pour se défendre, celle-ci le tourmente encore davantage ; il la voit auprès de lui qui, avec son mari, le menace et l'injurie. Tous les deux lui envoient une série de mauvais esprits qui tâchent de l'effrayer, et revêtent des formes hideuses. Un matin, il se réveille brusquement, et voit sur sa poitrine un énorme serpent dont la tête reposait sur son épaule. On le menace, afin qu'il retire les plaintes qu'il a déposées. « Nous te ferons crever et nous t'aurons. » Tout sommeil devient impossible : quelquefois, il éloigne les mauvais esprits en faisant de longues prières. Ceux-ci reviennent malgré tout. Il s'arme d'un bâton pour les chasser, mais en raison de leur caractère immatériel, le bâton les traverse sans les frapper. C'est très distinctement qu'il voit les esprits, il nous assure les voir aussi nettement que les objets réels eux-mêmes. Ses autres sens sont d'ailleurs impressionnés ; les esprits à l'aspect hideux répandent en même temps une odeur de brûlé extrêmement désagréable.

Mais outre les esprits qui le persécutent, il en voit d'autres qui lui sont, soit favorables, soit au moins indifférents.

Souvent il y en a de bons qu'il ne connaît d'ailleurs pas, qui viennent le trouver ; il les entend, tantôt lui parlant distinctement et lui donnant de bons conseils; tantôt s'adressant directement à son cerveau, sans qu'il ait d'impressions auditives.

Une fois, il nous dit avoir vu son propre esprit, sous la forme d'un homme habillé de noir, qui marchait à ses côtés et s'entretenait avec lui ; à un autre moment, en plein jour, il vit brusquement au milieu de la rue une boule de feu qui roulait devant lui, et disparut laissant une odeur de soufre. Ces divers phénomènes ne sont, nous dit-il, perceptibles que pour lui seul, et c'est son caractère de médium qui lui vaut ce privilège.

Ce n'est pas seulement par ses sens qu'il entre en communication avec les esprits, soit bons, soit mauvais. Ceux-ci le font aussi écrire ; sa femme, on l'a vu, lui dicta la première phrase qu'il écrivit de la sorte. Tantôt, il entend la phrase qu'il doit écrire et qui lui est en quelque sorte dictée ; d'autres fois, c'est sous la dictée intérieure, sans impression auditive, qu'il trace des phrases. Dans cette dernière condition il écrivit un jour sous nos yeux la phrase suivante : « Tu es un voleur ; tu aurais pu faire beaucoup mieux, tu ne feras pas grand'chose, parce que tu insultes cette femme. »

Enfin, parfois encore, il prend la plume et se met à écrire, n'ayant pas conscience d'obéir à une dictée quelconque, soit intérieure, soit extérieure à lui-même. Ainsi, quand au cours de l'examen, nous lui posons une question qui l'embarrasse, il prend souvent un papier et écrit, qu'il lui est impossible de nous répondre. Il semble alors n'avoir conscience du sens des mots qu'une fois ceux-ci tracés sur le papier.

Nous lui demandons alors qui lui a suggéré cette réponse écrite ; il nous déclare que c'est certainement un esprit qui la lui a fait écrire, mais il dit fort bien aussi ne l'avoir pas entendue lorsqu'il la lui dictait. Quand il écrit sous la dictée des esprits, son écriture est quelquefois normale ; souvent elle est modifiée, les lettres tracées d'une façon saccadée sont déformées et la lecture de sa phrase est parfois difficile. Enfin, souvent aussi, il trace une série de traits irréguliers diversement contournés, couvrant parfois toute une page. Ayant écrit ainsi, il nous lit une phrase ayant un certain sens ; mais, à une deuxième lecture, il ne peut naturellement pas lui-même nous lire la phrase de la même manière que la première fois.

Quelquefois, il prédit l'avenir ; tantôt il annonce le temps qu'il fera pendant une période de l'année, tantôt il indique les affections qui atteindront les gens, leur durée, leur gravité. Il prétend même avoir une favorable influence sur les maladies.

Depuis près d'un an enfin, il lui arrive souvent d'être transporté loin du lieu où il se trouve. Les esprits persécuteurs l'emportent parfois ainsi à de grandes distances, l'entraînant avec eux et lui donnant des coups de fluide qui l'atteignent aux testicules : ils l'ont d'ailleurs depuis longtemps rendu incapable de tout acte sexuel. Mais, à l'ordinaire, c'est sans que ses persécuteurs interviennent qu'il se trouve ainsi transporté dans l'espace. Il parcourt de la sorte les planètes ; il en a exploré un grand nombre, mais il ignore le nom de la plupart d'entre elles, et c'est la planète Saturne qu'il visite le plus souvent. C'est vers le milieu de la nuit que cela lui arrive ; il se sent alors « partir sur sa pensée », il traverse d'immenses espaces, et les esprits mauvais veulent alors le tuer à coups de fluide. Arrivé dans Saturne, « il se matérialise », reprenant son aspect et sa forme ordinaires. Il nous a écrit lui-même le récit de l'un de ces voyages.

« J'ai vu une chaîne de montagnes aux bords de la mer saturnine ; elles sont couvertes de rochers et d'herbages, peuplées d'animaux de toute espèce. Au pied des montagnes, une plaine des plus grandes, des plus fertiles. Les habitants de ces pays sont comme nous. Ne pouvant pas aller partout et me rendre compte de tout, j'étais obligé de demander à un esprit que je ne connaissais pas. Il me montra le château de Saturne et me renseigna sur tout ; il m'expliqua la ville de Lestaphanoff. Là je reconnus que c'était un esprit de ma famille, qui est ma mère ; mais je ne l'ai reconnu que trop tard. Elle me fit parler avec certains habitants de cette ville. Dans d'autres contrées, j'étais tout seul ; je me trouvais toujours en butte avec des esprits des plus mauvais. J'aurais fait mieux si j'avais eu quelqu'un pour me protéger contre les esprits qui me font du tort. J'ai reconnu Jésus et la Vierge Marie qui avait l'air de se ficher de moi ; bientôt je rencontrai ma mère et Saturne ; je leur demandai quel était ce couple-là, Saturne me dit : Remarque-les bien, ce sont tes ennemis... »

De vive voix, il nous a encore donné d'autres renseignements : les habitants de ce pays seraient vêtus comme nous, leurs occupations seraient les mêmes que les nôtres ; leur langage serait « langue grecque déformée ».

EXAMEN SOMATIQUE. — *Appareil digestif*. — Mauvais appétit. Digestion lente. Pas de constipation.

Appareil respiratoire. — Rien de spécial.

Appareil circulatoire. — Rien de spécial.

Appareil urinaire. — Rien de spécial.

Appareil génital. — Frigidité absolue depuis quatre ans. Il prétend avoir de la spermatorrhée nocturne : il l'attribue aux esprits qui, pendant la nuit, viennent provoquer chez lui des excitations génitales.

Appareil nerveux. — Sommeil mauvais, entrecoupé par les hallucinations.

Pas de céphalalgie.

Pas de troubles moteurs.

Sensibilité normale partout.

Réflexes tendineux également forts des deux côtés.

Pupilles égales et régulières, réagissant bien à la lumière.

OBSERVATION VIII (M. le Dr Dueur). — *Dégénérescence mentale. — Délire survenu à la suite de pratiques spirites. — Hallucinations de la vue, de l'ouïe et de la sensibilité générale.*

Mme veuve S∴ Marguerite, 39 ans, 1ᵉʳ février 1901 au 11 juillet 1901.

Antécédents héréditaires. — Père et grand-père très nerveux et très autoritaires ; grand'mère d'une nervosité restée légendaire dans la famille. Dans les autres parents, pas d'aliénés à proprement parler, mais des originaux et des bizarres.

Antécédents personnels. — Enfance normale ; fièvre scarlatine à 8 ans, poussées rhumatismales et c'est tout.

Enfant très intelligente, douée d'une grande facilité pour apprendre, elle était toujours la première de sa classe et eut très jeune son brevet d'institutrice. Elle était par contre d'une turbulence extraordinaire et souvent punie pour ce motif.

A 20 ans, elle fait un mariage d'inclination et contracte presqu'aussitôt la syphilis de son mari. Au bout de neuf mois elle a un premier enfant, un peu plus tard elle en a eu un second qui ne vécut que treize jours.

Nombreuses fausses couches par la suite.

Son mari devint ensuite paralytique général. Interné dans un asile, il mourut deux ans après.

A noter chez Mme S... la virulence de la syphilis : le nez, les oreilles sont fortement touchés, perforation du plancher de la bouche. D'après sa famille, sa maladie fut pour elle un souci constant. Elle prenait quantité de drogues, changeait souvent de médecins et craignait beaucoup de voir son fils tomber malade. Tout cela exagérait beaucoup sa nervosité primitive. Il y a un an, elle devint amoureuse d'un monsieur et sa maladie mettant encore un obstacle à son mariage ne lui en devint que plus insupportable.

C'est sur ces entrefaites que, voyant qu'aucun médicament ne parvenait à la guérir, elle s'adressa à une voyante très connue, paraît-il, à Paris. Celle-ci, au bout de 10 séances, lui dit qu'elle ne devait pas espérer la guérison.

A cette époque, elle fit connaissance d'une dame Y..., âgée de 34 ans, parfumeuse, dans les salons de laquelle on faisait des expériences de spiritisme sous sa direction propre. Cette dame Y... est du reste douée d'une mentalité spéciale. Elle fait du spritisme pour lutter contre l'influence de l'assistance publique et pour conjurer un envoûtement dont elle est soi-disant victime de la part d'une personne qui veut lui souffler le souffle de la mort.

Depuis trois mois (octobre 1900), notre malade allait régulièrement chez cette Mme Y...

Depuis un mois (décembre 1900), elle souffre de cauchemars épouvantables. Tous les soirs, son mari lui apparaît vêtu d'un suaire, la corde au cou, il la presse contre le mur pour lui souffler le souffle de la mort et lui demande d'aller sur son tombeau prier pour lui.

Le 27 janvier 1901, elle se rend au cimetière prier sur la tombe de son mari et revient très émotionnée.

Le lendemain 28, elle se rend à une séance spirite chez Mme Y... à 3 heures : elle fut prise là d'une crise d'excitation tellement violente que quatre hommes eurent de la peine à la maintenir pendant la nuit. Le lendemain, comme elle était un peu plus calme, on put la reconduire chez ses parents dans le plus grand désordre. L'excitation reparut dans la journée et pendant un jour et une nuit, on fut obligé de la maintenir de vive force pour l'empêcher de se jeter par la fenêtre. Au milieu de son excitation, elle disait voir son mari la corde au cou, prétendait qu'elle était médium, voyante, envoûtée.

La journée du 30 est encore plus mauvaise. On se décide à la faire entrer à la maison de santé d'Ivry.

A son entrée, nous obtenons d'une jeune fille qui habite chez ses parents les renseignements suivants : depuis quelques jours, elle évoquait les esprits de trois personnes, elle se mettait en prières un crayon à la main et écrivait ensuite plusieurs pages d'une écriture droite et très lisible. Elle lisait ce qu'elle venait d'écrire et disait : « Merci Monsieur, ou merci Madame », puis déchirait son papier pour qu'on n'en prenne pas connaissance. Elle posait ainsi des questions aux esprits relativement à son mariage. La malade a mis un grand acharnement à vouloir convertir cette jeune fille au spiritisme, lui parlant sans cesse de médiums, de tables tournantes, de télépathie, etc.

Inquiète des suites de cette affaire, Mme Y... vient nous voir à son tour ; elle cherche à s'excuser et à nous démontrer que ce n'est pas elle qui a lancé la malade dans le spiritisme. Depuis un an, Mme S... aurait fréquenté une autre maison où l'on faisait des séances d'occultisme. Depuis trois mois seulement, elle serait venue se confier à Mme Y... lui racontant qu'elle voit souvent, même étant éveillée, l'image d'un spectre qui la poursuit, la menace en paroles et cherche à l'étouffer. Mme Y... nous ajoute que notre malade est seulement médium intuitif et que les réponses relatives à son mariage qu'elle obtient sont loin d'être parfaites.

Mme S... redoutait, paraît-il, très fortement la mort pour elle et pour son fils.

La crise qui a amené l'internement n'a pas été la seule. Mme Y... a vu deux ou trois fois la malade tomber dans des crises convulsives pendant lesquelles elle faisait tantôt l'arc de cercle, tantôt se trouvait en état de rigidité complète.

Au moment de son entrée, le 31 janvier au soir, la malade est dans un état d'excitation maniaque des plus violents. Elle semble très hallucinée, sa tenue est débraillée, ses vêtements déchirés, ses cheveux en désordre. Son langage est emphatique, les mots d'esprit, d'apparition, etc., reviennent souvent.

Langue sale, embarras gastrique des plus prononcés.

Le lendemain, après quatre heures de sommeil, elle a des selles abondantes. L'excitation qui se calme à certains moments reparaît à d'autres avec toute son intensité. La malade est en proie à des hallucinations terrifiantes, elle voit son mari qui la menace. Il est encore impossible de la faire répondre directement à nos questions.

Cet état persiste aussi aigu jusqu'au 5 février.

5 février. — Excitation toujours très intense. Ses hallucinations lui laissent cependant un peu de repos et elle peut mettre un peu plus d'ordre dans ses discours : Le spiritisme va transformer le monde. Elle est un médium vrai et non un de ces médiums fumistes que l'on rencontre un peu partout. L'esprit qui la guide, c'est l'esprit de Dieu lui-même qui veut se servir de sa langue et de sa main pour propager ses idées et les faire exécuter. Puis sur le même ton emphatique, elle nous parle de sa maladie, de ses craintes de mort pour elle et pour les personnes qui l'entourent.

7. — Même verbiage emphatique presque incohérent. Cependant son mari n'est pas venu la menacer aujourd'hui, mais elle a vu sa chambre remplie de bêtes et principalement de corbeaux.

9. — « Oui j'ai vu, oui j'ai entendu, et cependant je ne suis pas folle, je ne suis pas même hallucinée ; l'on m'hallucine, j'en ai assez, il faut que ça finisse. On me souffle des souffles mauvais, l'on m'enferme dans la chambre giratoire. »

Elle ne précise rien de plus touchant ses hallucinations.

10. — La malade est plus calme, mais toujours réticente, nuits meilleures, état digestif satisfaisant.

Elle se méfie des aliments qu'on lui donne et nous interroge longuement sur leur provenance.

Calme relatif jusqu'à la fin du mois, sauf pendant de courtes périodes où elle s'excite sous l'influence de ses hallucinations. Il est très difficile de la faire causer sur sa maladie. C'est d'elle-même qu'elle nous répète plusieurs fois qu'elle est médium, qu'elle est franc-maçonne, qu'elle travaille pour fonder une religion universelle ; mais elle refuse de nous expliquer le sens de ces mots.

Mars. — Elle est relativement calme mais toujours très hallucinée. Elle regarde fixement soit le feu, soit la tapisserie de sa chambre et répond simplement à nos questions : « Vous savez bien ce que je fais là, pourquoi me faites vous voir, vous et les autres, vous n'aurez pas bientôt fini de m'halluciner ? »

Elle est très difficile pour son alimentation et refuse absolument tout médicament.

Avril. — La malade parle sans cesse des cartes et du spiritisme. Elle lit l'avenir aux uns et aux autres en consultant les lignes de la main. Par intervalles elle se plaint qu'on l'hallucine. Elle dit qu'un esprit s'est emparé du sien, on l'a changée, par moments elle n'est plus elle-même. Elle nous parle mais elle dit que ce n'est plus elle qui parle ; on lui fait dire et faire des choses qu'elle ne veut ni dire ni faire. Et lorsqu'on lui demande des explications elle nous répond invariablement : « Pourquoi voulez-vous que je vous le dise, vous le savez bien mieux que moi. » Elle devient très difficile à vivre et se plaint de tout.

Mai. — Elle se plaint qu'on lui lance des courants électriques, qu'au milieu de la nuit les infirmières se lèvent pour la battre ; elle devient grossière non seulement envers les médecins mais envers ses parents, puis à la fin du mois elle boude et refuse obstinément de nous adresser la parole.

Juin. — Toujours grossière et violente, revient sur ses idées de spiritisme, un esprit étranger s'est emparé de son esprit, quand elle parle, ce n'est pas elle qui parle. Et Dieu a voulu qu'elle souffre quoiqu'elle soit médium. Elle nous annonce un jour que nous aussi nous sommes médiums, que nous connaissons la date fixée par Dieu pour sa sortie, que cette date est arrivée et que nous devons la remettre en liberté.

Nous n'avons pas pu obtenir de renseignements plus précis de la malade, et on a opéré son transfert dans une maison de l'Etat avant que, à notre grand regret, elle se soit décidée à nous donner quelques éclaircissements.

OBSERVATION IX (MM. les Drs SOLLIER et BOISSIER). — *Hérédité névropathique. — Délire à forme spirite. — Préoccupations de métaphysique, de réformes sociales, de magie. — Mysticisme, érotisme, audition d'esprits, visions, migration de son âme, hallucinations théomaniaques impératives. — Tentatives de suicide.*

Henri B..., étudiant en médecine, marié, père d'une enfant bien portante, a une hérédité chargée. Son père, fort intelligent mais nerveux, est mort depuis longtemps. La famille de sa mère compte plusieurs aliénés. Ses sœurs sont très nerveuses, l'une d'elles est une grande obsédée phobique.

Dans son enfance, le malade habitué à faire toutes ses volontés, gâté et capricieux, a eu des tics, était onycophage et onaniste, émotif et peu travailleur. Il n'a reçu qu'une instruction religieuse insignifiante, et jusqu'à vingt-quatre ans est resté matérialiste et éloigné de toute idée et de toute pratique de piété. A dix-sept ans, à la chasse, il a eu un violent étourdissement attribué à une insolation à la suite duquel il a dû s'aliter et a dormi longtemps. A partir de ce jour, il a été sujet à des phobies incessantes et surtout à une agoraphobie d'une rare intensité. Peu causeur, concentré mais non rêveur, sujet à des superstitions de joueur sa conduite a donné lieu à de nombreux écarts. Il se sent instable depuis son étourdissement à la chasse.

En juin 1902, il contracte une diphtérie grave suivie de paralysie, et sa névrose s'aggrave. Il prend de l'absinthe pour se donner du courage, abandonne la médecine, compose des vers et des chansons, fait de la musique, ne veut s'occuper que d'art et ne parle plus que de religion et des problèmes de la survivance de l'âme. En 1898, il avait entendu parler de spiritisme ; un peu plus tard, il avait fait avec ses sœurs des essais de transmission de la pensée. L'une d'elles ayant pris à cette occasion des crises de nerfs, il avait cessé, mais il avait essayé tout seul de faire tourner une table, et y avait réussi sans s'y adonner avec suite. Depuis sa diphtérie il se sentait encore plus changé qu'après son coup de soleil ; il devenait de plus en plus irrégulier dans sa vie et de plus en plus désœuvré, passant des nuits entières à causer de théosophie et de réformes morales de la société avec quelques amis qui n'en savaient guère plus que lui et mélangeaient dans leurs théories le spiritisme, la franc-maçonnerie, et la magie noire. Les rêves d'amélioration sociale hantaient surtout le malade à ce moment-là ; il concevait des théories sociales dans lesquelles il représentait l'humanité par un triangle, mettant les hommes de génie au sommet et les inintelligents à la base. Il voulait appliquer ce système de triangulation à la sagesse, à la vertu, à la richesse, à la piété. Il lisait des livres religieux, entrait dans des églises et priait. En même temps il sentait augmenter ses appétits sexuels qu'il avait toujours eu très prononcés et qu'il avait toujours largement satisfaits. Il avait alors plusieurs maîtresses et les associait à ses élucubrations mystiques et sociales. Il voyait des symboles partout et commençait à s'absorber dans des rêvasseries demi-conscientes d'où il sortait troublé et angoissé comme s'il eût des doutes sur son existence réelle, et comme si son moi devenait incertain. Il avait à ce moment deux amis, J... L..., et A... D..., qui jouissaient de toute sa confiance, mais qu'il ne voyait pas autant qu'il l'aurait voulu. Il se concentrait pour penser à eux et causer avec eux à distance ; dans ses absorptions extatiques, il les entendait nettement. C'étaient leurs esprits qui se désincarnaient à sa volonté pour lui répondre ou qui lui parlaient spontanément. Cela ne l'étonnait nullement, c'était la même chose que ce qu'il avait obtenu antérieurement quand il avait fait tourner des tables. En mars 1903 il donne des inquiétudes aux siens. Son érotisme augmente, il est constamment préoccupé et distrait, écoutant les voix des esprits de ses amis. Non content de ses excès sexuels avec des femmes, il aurait été entraîné à des tentatives de pédérastie ; il vit d'ailleurs comme dans un rêve et on commence à le surveiller.

Les esprits désincarnés de L... et de D... deviennent des conseillers habituels et lui donnent des explications à son sujet. La vie désordonnée qu'il mène afflige les siens, il est pris de remords. L... et D... lui reprochent en effet ses débauches et lui disent d'expier ses fautes par des pratiques religieuses assidues. L'état d'incertitude sur sa personnalité qu'il ressent l'angoisse. L... et D... lui expliquent que son corps n'est qu'une méprisable guenille, dont son esprit doit s'évader : « Tu as une sale guenille, ce n'est pas toi-même, tu verras comme le vrai Henri B... est beau. » Il se demande comment il sortira de sa guenille ; et, rentré chez lui, l'envie le prend brutalement de se jeter par sa fenêtre. Il hésite et consulte des esprits qui lui disent impérieusement « Non ». Et il veut s'assurer que ce n'est pas lui-même qui a dit non et demande à l'esprit : « Est-ce ma guenille ou l'esprit qui dit non ? » Réponse « c'est l'esprit de D... ». Henri est satisfait et s'éloigne de la fenêtre. La nuit suivante pendant son insomnie il voit des phénomènes lumineux se produire sur les murs de sa chambre ; une tête de chérubin en ivoire fixée au bas d'un crucifix se détache et s'envole dans un rayon de lumière, il se met à prier. Le lendemain l'esprit de D... lui parle dans la tête en hallucinations psycho-motrices comme d'habitude, et lui fait des recommandations morales en l'exhortant à la foi : « Il faut qu'il fasse un serment à Dieu ; les deux esprits qui l'entretiennent sont les messagers de Dieu, il faut leur obéir. » — « Mais, répond-il, j'ai cru jusqu'ici que Dieu n'existait pas ? — Dieu existe, reprend D..., et tu dois faire ce que ta conscience te commande. » A partir de ce jour, il obéit passivement aux deux esprits. Il faut qu'il expie ses péchés ; un jour une force mystérieuse le pousse hors de chez lui. Il consulte l'esprit de D... qui lui dit : « Va au temple maçonnique de la rue Froidevaux accomplir ton serment, ne t'inquiète pas, tu vas te tuer pour expier. » Il va frapper à la porte de la maison désignée, on n'ouvre pas. Il reste perplexe, l'esprit lui dit de marcher, il repart et sort de Paris. A la barrière il hésite ; l'esprit lui dit : « A gauche. » Il marche et se trouve devant le mur d'un jardin maraîcher : il y avait une porte, l'esprit lui dit « Entre ». Il frappe, on ouvre, il demande à entrer. Les jardiniers le prennent pour un employé de ville visitant les terrains à vendre de la zone des fortifications et lui proposent un mètre pour prendre ses mesures, il refuse en remerciant ; on le laisse faire silencieusement le tour du jardin et il ressort. Il rentre dans Paris par une autre porte et revient à la rue Froidevaux. Comme il voit des symboles partout, il s'aperçoit que le trajet accompli forme un triangle et cela doit avoir une signification mystérieuse. Rue Froidevaux il frappe de nouveau à la porte du temple maçonnique : une femme ouvre, il insiste pour entrer en disant qu'il a un serment à accomplir et veut forcer la consigne. La concierge le menace de la police ; il s'en retourne et les esprits lui disent qu'ils l'ont empêché de se tuer pour lui laisser le temps de se confesser. Ils lui reprochent cependant toujours de « tenir à sa sale guenille ». Dans la nuit suivante, les esprits ont éteint et rallumé sa veilleuse ; ce qui le frappe beaucoup ; il lit longuement sur un livre d'heures et s'absorbe en oraisons mentales. Le lendemain, il court plusieurs églises à la recherche d'un confesseur. Il en trouve un qui lui conseille de faire une retraite dans une trappe. Mais à la fin de la confession il voit le prêtre se transfigurer en pape, et il voit distinctement une étincelle lumineuse frapper son front. Dans la nuit l'esprit de D... se manifeste et lui dit : « laisse ta sale guenille dans ton lit et viens, Henri B... est mort ». Il sent son âme quitter son corps, mais il la sent égarée. Il n'a plus la notion de rien et demande où il est. D... répond : « Dans un cadavre de l'hôpital Laennec. » Il finit par dormir. Le lendemain matin il s'éveille au petit jour et l'esprit de son père lui apparaît sous la forme d'une traînée lumineuse. Dans la matinée il va se promener, une voix qui n'est plus celle des deux esprits habituels lui ordonne d'aller au café prendre une absinthe pure pour se tuer. Il demande quelle est cette voix, l'esprit de D... lui répond que c'est Dieu. Henri B... obéit, l'absinthe ne le tue pas. Il se donne alors un violent coup de poing dans la poitrine qui l'impressionne comme un coup de poignard ; il s'allonge sur la banquette, mais la mort ne venant pas il rentre chez lui. La voix de D... lui dit : « Ne t'inquiète de rien, je m'occuperai de toi. » On lui fait comprendre la nature de la maladie qu'il éprouve et il arrive au sanatorium le 8 avril.

Il s'y montre très inquiet de son état, il a peur de devenir fou et supplie qu'on le rassure. Le matin, il cause normalement ; dans l'après-midi, il rêvasse et reste très absorbé. Il se plaint de ne pas se sentir vivre comme autrefois, il ne se sent plus lui-même. Il ne sent ni sa tête, ni son corps, ni ses membres. Dans la nuit, il entend l'esprit de D... lui dire de « vider sa guenille » ; dans le jour il est mieux, mais il reste anxieux, il prie et veut lire des livres saints, il consulte les esprits et nous raconte tout ce qui précède.

Bientôt il s'améliore et à mesure que son état se rapproche de la normale, il oublie son ancien délire et les actes qu'il a accomplis sous son influence. Il va et vient, cause et sort avec les autres malades, fait de la musique et reprend courage. Au commencement de mai, il redevient absorbé et se trouve de nouveau préoccupé de métaphysique et de religion. Il a des troubles cœnesthésiques bizarres : tantôt il ne sent pas son corps, tantôt il s'étire et en même temps, il sent et voit ses membres s'allonger comme du caoutchouc. Ce qui l'angoisse le plus, « c'est le départ de son âme ». Cela ne l'étonne pas, « car, dit-il, d'après la théorie spirite, il ne se quitte lui-même que pour aller animer un autre homme », mais cela le fait souffrir, parce que ce qui reste de lui n'est pas lui-même. Son esprit parti s'envole et flotte dans l'espace ; il l'y sent très distinctement. Quelquefois son esprit n'est même pas très loin de lui, il le sent suspendu à quelques centimètres au-dessus de sa tête. Il n'a plus de lui-même que son affection pour les siens ; « son moi qui l'a fui n'habite plus pas en lui-même que son cœur ». Il parle pour un autre, il est une pure machine à parler ; son cerveau n'est qu'un réflecteur, il est un mannequin animé par un esprit qui n'est pas le sien alors que son âme est toujours suspendue dans l'espace au-dessus de lui. A l'époque des débauches qui lui causent tant de remords, il avait, pour signer ses vers et ses chansons, pris le pseudonyme d'Henri L..., anagramme de son nom. Actuellement, il érige cet Henri L... en un personnage distinct qui est son double, son double exécré et maudit ; et c'est cet Henri L... qui anime son corps. Il voudrait redevenir Henri B... Il le redevient de temps en temps et se sent beaucoup mieux à ces moments-là. Il revoit sa vie d'enfant comme celle d'un autre qu'il a beaucoup connu. Cette dépersonnalisation le fait beaucoup souffrir. Il ne peut pas rallier son moi d'avant le coup de soleil ni surtout son moi d'avant la diphtérie à son moi actuel. Le plus douloureux, c'est de suivre la migration de son moi dans l'espace ; il trace même la trajectoire de cette migration dans un graphique où on voit un point resté au-dessus d'une ligne normale ; c'est Henri B... qui est suspendu dans l'espace au-dessus de la ligne normale des individualités vivantes et qui ne peut plus pénétrer en lui-même. Il arrive quelquefois à se réincarner, mais il a de la peine à reprendre tout à fait son âme qui tend à repartir en arrière quand il est couché sur le dos. Il penche la tête en avant pour ramener son moi dans la région frontale. Il a peur de ne pas reconnaître sa famille quand il la verra. Après une nouvelle amélioration, il reprend ses promenades et cause volontiers, mais les hallucinations reviennent bientôt. Il monte dans sa chambre pour mieux écouter les esprits, mais celui de D... lui interdit de ne nous rien révéler de ce que lui révèlent les désincarnés.

Il revoit un matin l'esprit de son père. Il l'entend quelquefois. Il retombe dans ses prières et dans ses extases. Il a un matin la vision du Christ dans un rayon lumineux au dehors. Il reçoit de lui l'ordre de se jeter par la fenêtre, on doit le retenir et le surveiller de près. Il devient de plus en plus agité et absorbé. Le 23 mai, sur l'ordre des esprits, il refuse de manger. Dans l'après-midi, Dieu lui parle et lui ordonne de se tuer, il quitte sa chambre et essaye de se jeter dans la cage de l'escalier. Ramené dans sa chambre, il essaye, par mortification et par ordre des esprits, de boire de son urine et de manger de ses excréments ; on l'en empêche : « C'est Jésus, nous dit-il, qui était en moi et qui m'a dit de me tuer pour me sacrifier à ma famille que j'ai déshonorée. » A ce moment, la voix de Jésus lui enjoint de se taire et il refuse de rien dire de plus. On le transfère le soir même dans une maison d'aliénés. Il y est devenu de plus en plus délirant. Nous avons su qu'il y avait été extrêmement violent et avait tenté d'étrangler un garde-malade ; et depuis, nous n'avons plus eu de ses nouvelles.

OBSERVATION X (M. le D' DABUR). — *Dégénérescence mentale. — Délire survenu à la suite de pratiques spirites.*

Mlle T..., 30 ans, sans profession.

Antécédents héréditaires. — Père nerveux, faible d'esprit, n'a pas toujours toute sa raison et excite parfois ses enfants les uns contre les autres.

Mère très émotive, a eu des idées mélancoliques et était obligée de se faire tenir par le bras lorsqu'elle traversait un pont ou qu'elle se trouvait à la fenêtre d'un étage élevé, étant fortement attirée par l'eau et par le vide.

Un frère était très coléreux et avait des idées de suicide.

Un autre est en démence juvénile.

Histoire de la maladie. — Mlle T... a aujourd'hui 30 ans. D'un tempérament très robuste, d'une nature très ardente, elle ne s'est pas mariée contrairement à tous ses désirs.

Elle employait son activité à des œuvres charitables, passait des périodes de temps dans les hôpitaux pour soigner des malades et pensait même entrer complètement en religion. Cependant quoique très religieuse, elle était souvent assaillie par des doutes terribles et elle en souffrait cruellement.

Dans sa famille on se réunissait souvent pour faire tourner des tables, et les résultats, assez piètres quand Mlle T... n'était pas là, étaient au contraire magnifiques lorsqu'elle était présente.

Les prédictions vraies étaient les plus fréquentes, les fausses étaient, paraît-il, plus rares.

L'esprit consulté était ordinairement celui d'une amie de Mlle T..., amie avec laquelle elle avait beaucoup sympathisé ayant eu les mêmes souffrances et les mêmes peines de cœur.

Des esprits malicieux venaient cependant se mêler parfois à la conversation, et Satan lui-même ne dédaignait pas de jouer quelques vilains tours à la pieuse famille. C'est ainsi que souvent les réponses devinrent d'une obscénité révoltante, et, chose remarquable, cela se passait en présence de la malheureuse jeune fille qui, heureusement, ne comprenait pas et qui posait ensuite des questions très embarrassantes à sa famille. Parfois aussi l'esprit, sans être plus poli, était plus bref et envoyait promener ses auditeurs par le simple mot de Cambronne.

Un jour Mme T... trouva dans la chambre de sa fille un cahier manuscrit où se trouvaient une série de phrases donnant à celle-ci des conseils moraux et faisant des prédictions. Elle demanda des explications et voici ce qui lui fut répondu : Un jour Mlle T... se disposait à écrire lorsqu'à sa grande stupéfaction elle vit son bras se mettre en marche tout seul. Elle en conclut que c'était un esprit qui la guidait et qu'elle était médium écrivain. C'était, d'après ce que dit sa mère, un médium mécanique parfait. En effet, il n'y a eu chez elle aucune éducation préalable, du premier coup elle a atteint la perfection.

Depuis ce jour elle a écrit souvent, se servant de ce mode d'intermédiaire pour communiquer avec les esprits; et c'est de ce mode d'écriture qu'était composé le cahier qu'avait trouvé Mme T....

L'écriture est bien l'écriture propre de la malade, mais elle ne peut écrire aussi qu'à certains moments donnés et pendant un certain temps. Lorsque son bras se met en marche, elle ignore absolument ce qu'elle écrit, puis au bout d'un certain temps il s'arrête de lui-même en faisant un gros trait. La malade lit alors avec curiosité ce qu'elle vient d'écrire.

Un jour, Mlle T.. eut le malheur de perdre un de ses frères. A cette nouvelle elle vit sa chambre envahie par des diables, des boucs, des serpents et des têtes tout à fait effrayantes. Cet état hallucinatoire se prolongeant, on fut obligé de la faire interner pendant quelques jours, puis tout rentra dans l'ordre.

Aujourd'hui elle n'a ordinairement pas de visions; cependant si elle se fatigue trop, les diables lui réapparaissent encore de temps en temps.

Elle ne fait plus de spiritisme, son directeur moral le lui ayant défendu; et cela malgré les nombreuses menaces de mort et de malheurs que lui ont fait les esprits si elle cessait de s'occuper de sciences occultes.

Chose curieuse, la mère de la malade est absolument persuadée aujourd'hui que c'est réellement le diable qui est cause de tout le mal, tandis que sa fille affirme au contraire que c'est là une affection de cause purement nerveuse.

Bien que cet exposé d'observations soit déjà assez long nous ne pouvons cependant pas le clore sans exposer l'analyse d'un cas curieux rapporté dans une clinique de M. le professeur Joffroy, et dans lequel le malade est arrivé à systématiser un délire sans avoir présenté ni dédoublement de la personnalité ni phénomènes hallucinatoires.

OBSERVATION XI (M. le professeur JOFFROY).

Spirite, M. José Palma l'est si l'on envisage sous cette appellation toutes les personnes qui s'occupent de sciences occultes. En réalité c'est plutôt un occultiste. Nous croyons avoir fait sentir la différence qui existait entre les deux sectes dans le premier chapitre de ce travail.

M. Palma, de son vrai nom, Joseph Palmette, est magnétiseur de son état, c'est un thérapeutiste qui guérit les malades par suggestion. Bien qu'étant surtout un disciple de Durville, il s'est occupé de sciences occultes, pourquoi n'est-il pas devenu un spirite avec délire mystique, c'est sans doute parce qu'il n'a pas présenté de désagrégation de sa conscience, et qu'il n'a pas eu d'hallucinations. Quelle a été la cause de son délire ? Elle réside tout entière dans la haute opinion qu'il a de lui-même qui l'amène à une exaltation tout à fait exagérée de sa personnalité. Et c'est partant de ce fait que le malade a fait non pas un délire systématisé mystique, mais est devenu un persécuté persécuteur amoureux.

Histoire de la maladie (1). — Elle est particulièrement intéressante. Il a été successivement amoureux de trois actrices. En 1899, sa première maîtresse fut Mlle A..., de l'Opéra, qui s'éprit follement de lui. De la scène, elle lui criait : « Je vous aime, je vous adore. » Et, étant donné sa puissance magnétique, il répondait par signes que l'actrice comprenait parfaitement. Ce fut toute une idylle sans préoccupations charnelles, « un amour de cœur », selon la propre expression de Palma.

Un jour, l'actrice partit à Nice, et, à son retour, notre malade, comprenant qu'il était trompé, lui écrivit une lettre de rupture. A la représentation du soir, Mlle A... ne pouvait retenir ses larmes, mais Palma fut inflexible.

Une seconde maîtresse, encore à l'opéra, Mlle B..., ne fut pas plus fidèle que la première, elle se mariait en effet peu après.

Depuis quelque temps déjà, une troisième actrice tout à fait

(1) Leçon clinique recueillie par le Dr Capgras, médecin adjoint des asiles.

Duhem

célèbre cantatrice d'ailleurs, Mlle C..., cherchait à le séduire. De la scène, elle tendait ses bras vers lui en lui criant : « Poète de l'amour... viens sur mes seins dormir.... Je saurai te garder avec moi, etc., etc. » Et Palma, qui cependant la considérait un peu comme une cocotte, après le mariage de Mlle B... se laissa séduire, et l'actrice devint sa troisième et dernière maîtresse. Il ne la voyait que sur la scène, en spectateur mais c'étaient néanmoins des conversations sentimentales et des coups d'œil significatifs qui duraient toute la soirée. Rentré chez lui, Palma prenait la plume, et comme il est doué d'un remarquable talent de poète, il composait pour elle des poésies d'une envolée superbe où vibrait tout son cœur, et donnait maint et maint rendez-vous à l'artiste. Et avec quelle joie cette dernière les acceptait. Il voyait arriver sa voiture, il reconnaissait le cocher mais soit à cause du mauvais temps, soit par caprice, Mlle C... ne se montrait jamais. De même que lorsqu'il se présentait chez elle, elle était toujours sortie.

Et cependant, extrêmement jalouse, elle le suivait en voiture quand il sortait pour le surveiller, et restait-il chez lui, les mêmes voitures passaient et repassaient sous ses fenêtres ! Parfois même le cocher sifflait pour le prévenir que son amante était là qui l'attendait.

Un beau jour, cependant, elle lui ouvrit sa porte, mais aussitôt deux agents s'emparèrent de lui, et il fut conduit à l'infirmerie spéciale du dépôt, puis de là à Sainte-Anne, où il nous raconta avec force détails l'histoire que nous venons de résumer en quelques lignes.

D'ailleurs, il était à peine depuis quelques jours à l'asile qu'il oubliait Mlle C..., et dirigeait ses idées de persécution contre ceux qui l'internaient. Puis il traitait tous les médiums, spirites, et somnambules de charlatans et d'escrocs, il n'y avait que lui, capable d' « accomplir des cures merveilleuses » : « J'allais parler encore, dit-il, le silence vaut mieux. Malheur à qui naît pour troubler mon chemin. » Et celui-là, qui lui barre la route, c'est un médecin du dépôt agissant au nom du syndicat médical tout entier qui a juré de faire disparaître le magnétisme.

CHAPITRE III

Origine du délire médiumnique.

Ainsi que nous l'avons dit en tête de ce travail, notre intention n'est pas de généraliser à la grande quantité de personnes, souvent très intelligentes et très instruites, qui s'occupent de spiritisme, les quelques conclusions que nous avons pu tirer de l'étude clinique des cas dans lesquels les troubles mentaux définitivement constitués éclataient avec une évidence manifeste.

Les spirites dont nous avons rapporté les observations sont des malades. Quelques-uns sont devenus tels parce qu'ils se sont livrés à des pratiques spirites. D'autres, portant déjà en eux le sceau de la débilité ou de la dégénérescence mentale, c'est-à-dire étant déjà malades, n'ont trouvé dans le spiritisme qu'un simple aliment à leur délire tout près d'éclore. Les phénomènes de médiumnité n'ont été pour eux que la cause occasionnelle que guettait la tare vésanique pour éclater avec toutes ses manifestations.

Avant de chercher à établir dans quel cadre constitué de la pathologie mentale on doit ranger les malades dont nous avons parlé ; avant d'envisager les conséquences que la propagation des idées spirites peut engendrer au point de vue sociologique, nous devons dire un mot sur l'origine même que le délire de médiumnité trouve dans la physiologie normale de l'individu.

Nous n'avons pas, à ce sujet, la prétention d'émettre des idées nouvelles, pas plus que de reconstituer la genèse de l'automatisme psychologique. Cela a été traité avec une compétence hors de pair par des psychologues et des cliniciens d'une telle valeur que ce que nous pourrions dire paraîtrait bien faible et bien terne auprès de leurs ouvrages qui sont déjà devenus classiques sur cette matière.

M. Pierre Janet, dans l'*Automatisme psychologique* ; M. Flournoy (de Genève) dans *Des Indes à la planète Mars* ; tout récemment enfin, le professeur Grasset dans *Le Spiritisme devant la science*, ont établi d'une façon magistrale l'origine psycho-physiologique des phénomènes de médiumnité, et c'est à leurs ouvrages que nous empruntons la plus grande partie de ce chapitre.

Disons-le tout de suite : bien que nous appuyant sur des autorités tout à fait compétentes, nous n'avons pas la prétention d'expliquer tous les faits qui relèvent, d'une façon plus ou moins directe du spiritisme. Pour cela il faudrait ne pas douter de l'infaillibilité absolue de la science moderne, croire à sa perfection et considérer ses conclusions comme étant sans appel : « Nous sommes si éloignés, disait Laplace, de connaître tous les agents de la nature et leurs divers modes d'action, qu'il ne serait pas philosophique de nier les phénomènes uniquement parce qu'ils sont inexplicables dans l'état actuel de nos connaissances. Seulement, nous devons les examiner avec une attention d'autant plus scrupuleuse qu'il paraît plus difficile de les admettre » (1).

Nous ne croirons donc pas, parce qu'un phénomène reste

(1) LAPLACE, *Essai philosophique sur les probabilités*, 2ᵉ éd. Paris, 1814, p. 110.

inexpliqué par les méthodes actuelles, qu'il est inexplicable. Nous estimons qu'il est aussi ridicule de rester figé dans la science toute faite et ne pas dépasser les limites de ses routines journalières que d'être d'une crédulité exagérée à l'égard de toutes les supercheries plus ou moins habiles de charlatans et d'escrocs. Néanmoins, il existe des phénomènes qui, s'ils sont embarrassants, ont été affirmés par des hommes sérieux à l'esprit scientifique solide, qui ont pu les constater et les observer d'une façon absolument incontestable.

Entre l'esprit crédule et l'esprit fort, il y a place pour une moyenne, et nous nous efforcerons de la conserver.

Toutes les sensations reconnues, toutes les idées générales, tous les souvenirs, les jugements, les raisonnements qui constituent l'ensemble de notre entendement, notre Moi, ont un centre commun de connaissance. C'est le centre intellectuel supérieur, la conscience. A côté de cet ensemble cohésif, il en existe un autre formé d'un grand nombre d'idées dont nous avons perdu le souvenir conscient, plus ou moins complètement, de sensations non reconnues, d'impressions fugitives non classées par la conscience et qui ne sont que les premiers degrés de la connaissance intellectuelle et l'ébauche des idées dont est formé notre entendement. C'est le domaine de la subconscience, que Myers a appelé la conscience subliminale.

Le professeur Grasset désigne sous le nom de *centre* O le centre intellectuel supérieur et de *Polygone* l'ensemble des centres subconscients, et le considère comme formé des différents centres de la vision, de l'audition, des mouvements généraux, de l'écriture, de la parole et de la sensibilité générale.

Nous nous servirons souvent dans les pages qui vont suivre des deux termes de Grasset comme étant plus commodes et plus courts que ceux que l'on avait employés jusqu'à présent.

A l'état normal, ces deux centres, conscience supérieure et subconscience, O et polygone sont intimement réunis l'un à l'autre par des associations constantes. Ils travaillent ensemble et président à eux deux à toutes les fonctions de la vie. Aussi leur étude synthétique séparée est-elle impossible.

Mais que, pour un motif soit d'ordre physiologique comme le sommeil, pendant lequel la conscience est assoupie, soit extraphysiologique comme l'hypnotisme et la suggestion, soit pathologique comme le somnambulisme ou certains états hystériques, ces deux centres se dissocient, l'étude de leurs manifestations respectives devient alors possible.

Le docteur Leuret avait déjà très explicitement parlé de cette désagrégation de la personnalité : « Sans m'appuyer, dit-il, sur les nombreux exemples que l'on trouve chez les personnes atteintes de maladies nerveuses, j'en appellerai à la mémoire du lecteur qui trouvera dans ses rêves de véritables conversations. Quel est celui dont l'esprit n'a pas été occupé ou même fatigué pendant le sommeil par quelque discussion dont l'avantage ne lui est pas toujours resté ? En lui, quelle qu'en soit la cause, deux personnes distinctes soutenaient des opinions opposées, et, s'il a eu le dessous, d'où venaient les raisons auxquelles il a cédé ? De lui-même évidemment. Or, pour être à même de fournir la matière d'une conversation ou d'une dispute, il faut que l'esprit ait comme en réserve une série d'idées qui ne lui soient pas présentes, et dont le réveil se fait indépendamment du Moi. Les éléments de ces idées se trouvent dans les connaissances précédemment acquises. »

Ces faits ne sont donc plus à démontrer aujourd'hui.

Or, une fois séparé de son centre O, le polygone ne reste pas inactif, les lignes que nous venons de citer le constatent déjà. L'observation des états somnambuliques, l'examen des actes automatiques le prouvent encore bien davantage.

Les produits de l'activité polygonale, les actes automatiques possèdent un certain nombre de caractères qui leur sont propres, et qui ont été très bien définis par Grasset.

Séparés de leur centre psychique, ils sont inconscients et ils ne redeviennent conscients que si l'activité automatique qui les engendre se trouve communiquée au centre de la conscience personnelle.

En outre ils sont imprégnés d'un certain psychisme qui se manifeste par de la mémoire et de l'intellectualité ; « persistance des impressions, évocations des souvenirs, brusquerie parfois de ces évocations à la conscience... tout cela appartient aux deux grandes mémoires psychiques, l'inférieure et la supérieure, celle du polygone et celle de O » (1).

« Les actes polygonaux ne sont donc pas conscients par eux-mêmes, ils sont automatiques (c'est-à-dire qu'ils ne sont pas volontaires et libres, mais ont l'apparence de la spontanéité),ils sont psychiques (c'est-à-dire qu'il y a dans l'activité polygonale de la mémoire et de l'intellectualité) » (2).

Ceci posé, comment apparaît chez le spirite la désagrégation des deux centres, comment fonctionne l'activité polygonale et quelle peut être la cause produisant ces deux ordres

(1) GRASSET, Le spiritisme devant la science, Paris, 1904.
(2) Ibid.

de faits ? Flournoy explique très bien la formation de cette désagrégation de la personnalité consécutive à l'entraînement produit au cours d'une séance de spiritisme :

« Le fait que la vie subconsciente se condense en une per-
« sonnalité d'apparence indépendante et distincte du moi ordi-
« naire, possédant son caractère à elle et se révélant par
« des procédés automatiques, le simple fait de s'occuper de
« spiritisme et de se livrer à des exercices médiumniques suf-
« fit à le produire. Ce n'est pas là une hypothèse ou une affir-
« mation en l'air, c'est une vérité empirique, la constatation
« d'une réalité, une loi psychologique induite d'exemples con-
« crets, et qui par conséquent, constitue l'explication suffisante
« et seule plausible jusqu'à preuve du contraire des autres cas
« particuliers auxquels sa formule est applicable. Prenez un
« individu ayant dans sa subconscience des souvenirs, des
« scrupules, des tendances affectives, des idées à coefficient
« émotionnel plus ou moins intense ; mettez-lui en tête, je ne
« dis pas des convictions, mais simplement des préoccupations
« spirites, puis attelez-le à une table ou à un crayon : pour peu
« qu'il soit du tempérament impressionnable, suggestible, dé-
« sagrégeable que le public appelle la faculté médianimique,
« il ne se passera pas longtemps avant que ses éléments subli-
« minaux se groupent, s'ordonnent, se compénètrent suivant
« la forme « personnelle » à laquelle tend toute conscience et
« se traduisent au dehors en communications qui ont l'air de
« venir directement des désincarnés. J'ai publié des exemples
« typiques de ce processus, où il n'y a pas plus d'*esprits* au
« sens spirite du mot que dans le fait de se rappeler son nom
« et son adresse et je ne reviens pas sur cette démonstra-

« tion » (1). On ne peut vraiment mieux expliquer la genèse du dédoublement et l'origine de l'idée délirante chez les spirites.

Le fait qui la fortifie encore, qui l'ancre pour ainsi dire dans l'esprit du sujet et la rend aussi irréductible que celle des vieux délirants systématiques se trouve encore dans le résultat de l'activité polygonale.

En effet, le polygone ne crée pas, et lorsqu'il fait parler la table, lorsqu'il fait écrire, dessiner et aussi parler le médium, il ne dicte pas des inventions de toutes pièces. Les idées qu'il émet ne sont toutes que d'anciennes idées de O dont celui-ci a pour la plupart depuis longtemps perdu le souvenir et qui lui reviennent par l'intermédiaire des actes automatiques : « N'oublions pas, dit encore Flournoy, la finesse
« de choix, la sensibilité raffinée, l'art consommé quoique
« instinctif qui président au triage et à l'emmagasinement des
« souvenirs subconscients. Comme l'abeille va de fleur en
« fleur sans se tromper jamais, les notions dominantes de l'i-
« magition hypnoïde s'assimilent chacune avec un flair ex-
« quis, dans les réserves de la mémoire ou les rencontres
« extérieures de la vie ce qui leur convient et s'harmonise
« avec elles ; par une affinité naturelle, l'idée d'un personnage
« d'une certaine époque attire et absorbe en son sein tout ce
« que le sujet peut savoir ou entendre dire des façons d'écrire,
« de parler ou d'agir, spéciales à cette même époque. »

On comprend dès lors très bien que lorsque, par l'intermédiaire des mouvements typtologiques de la table ou de l'écriture automatique du médium le polygone rappelle à O quel-

(1) FLOURNOY, *Des Indes à la planète Mars*, Paris, F. Alcan, 1900, p. 88.

que fait réel, ou que, se basant sur des faits antérieurs, il fasse une prédiction qui peut parfois se trouver juste, la conscience supérieure ignorante alors de la fonction subconsciente, ne peut pas moins faire que de crier immédiatement au prodige. Et de là à faire des esprits célestes ou infernaux les auteurs de ce phénomène il n'y a qu'un pas. Le principe de causalité aidant, le sujet le franchit immédiatement.

Voilà donc la conviction délirante franchement constituée. Nous verrons plus tard, lorsque nous entrerons dans le domaine de la pathologie mentale qu'elle ne s'arrête pas là. Nous n'avons en effet envisagé jusqu'à présent que le premier degré du délire spirite, basé uniquement sur la désagrégation de la personnalité et sur l'éclosion des phénomènes automatiques. Et c'est bien véritablement dans l'activité subconsciente que l'on trouve l'origine de tous les phénomènes spirites.

Nous devons dire, pour être exact, que la plupart des médiums s'arrêtent là.

Un certain nombre cependant franchissent la seconde étape, celle des hallucinations permanentes. Ce n'est plus seulement pendant les seuls moments où ils se livrent aux pratiques spirites que le dédoublement s'accomplit et que les soi-disant esprits leur dictent des communications, il s'agit chez eux d'un état permanent. Ce sont des hallucinés constants. Et ces hallucinations revêtent parfois un caractère tel que la vie sociale n'est plus possible pour le malade, elles entraînent un tel désordre de l'intelligence que souvent l'internement est nécessaire pour soigner le pauvre spirite et le protéger quelquefois contre lui-même. Si l'on songe que cet état n'est en somme que l'exagération de l'état mental ordinaire des médiums on en conclura que les pratiques spirites constituent bien une véritable psychose qui, nous le verrons dans le chapitre suivant, rentre bien dans un cadre bien défini de la pathologie mentale. Chez eux, les désordres du polygone ont retenti jusqu'au centre O qui, par suite d'une prédisposition probable, au sens pathologique du mot, n'a pas été assez fort pour remonter le courant et s'est laissé entraîner par le flot débordant de la folie.

CHAPITRE IV

Constitution et forme du délire chez les spirites.

C'est au mois d'avril 1903, que l'on a commencé à discuter les rapports des manifestations médiumniques avec les troubles mentaux.

MM. Gilbert Ballet, Dheur et Monnier-Vinard, ont publié à la Société médico-psychologique des observations de délire survenu à la suite de pratiques spirites. Bien avant eux déjà, en 1899, M. le Dr Vigouroux publiait quelques cas analogues ; et tout dernièrement M. le professeur Joffroy consacrait deux de ses leçons cliniques à l'étude des troubles délirants chez les médiums. Ajoutons à cela la longue et intéressante observation de M. le Dr Boissier communiquée à la Société médico-psychologique en janvier 1904, et nous verrons que malgré tout, la liste n'est pas encore bien longue des cas dans lesquels le sujet plus ou moins médium oscille au milieu des différentes manifestations de la névrose pour finir par tomber dans la grande vésanie délirante.

Nous avons, dans ce travail, groupé les observations qui nous ont paru les plus intéressantes à étudier au point de vue des troubles mentaux dans lesquels peuvent sombrer les adeptes du spiritisme. Nous devons nous hâter de dire que les médiums, à part quelques exceptions, ne sont généralement pas bons camarades avec les médecins, surtout les médecins aliénistes, soit défiance de leur part (peut-être ont-ils au fond de la conscience une secrète arrière-pensée qui les avertit que les phénomènes qu'ils présentent ne sont pas absolument normaux), soit dédain ou mépris pour le caractère officiel de notre science, ils ne se livrent pas, et cherchent autant que possible à dissimuler leur médiumnité aux personnes qu'ils savent ne pouvoir convaincre facilement. On conçoit que, dans ces conditions, l'investigation ne soit pas facile. Il n'en est pas de même, lorsque l'idée délirante, définitivement constituée, s'impose avec la conviction ferme bien connue de tous les aliénistes. Le malade, alors, sous l'influence de ses hallucinations visuelles, auditives, psychomotrices, se croit immédiatement une mission divine à divulguer par tout l'univers et alors il devient prolixe et plus facilement analysable. Ce n'est absolument que de ce dernier genre de malades que nous nous occupons dans notre thèse, malades que nous avons vus déjà dans des asiles ou des maisons de santé, et qui, par conséquent, avaient déjà manifesté des symptômes pour lesquels, sinon l'internement, tout au moins l'isolement et un traitement moral énergique étaient devenus une imposante nécessité.

Dans l'orthodoxie officielle du spiritisme, toutes les manifestations fluidiques, toutes les soi-disant communications d'esprits, ne sont pas acceptées sans donner lieu à d'ardentes discussions. Il n'est pas besoin d'être doué d'une pénétration bien vive de l'intelligence, le gros bon sens suffit, pour bien vite supposer que des personnages de l'importance de Dieu, de Jésus-Christ, ou des grands saints de la religion catholique, ne se manifestent point à tort et à travers au hasard des séances, à tel ou tel médium, à la vie plus ou moins méritante d'ailleurs, et dont il est bien rare que les vertus transcendantes méritent un tel honneur. Un saint ordinaire, un personnage historique, quand il ne dit pas trop de bêtises, passe encore. Mais les conseils néfastes, les expressions ordurières, les insultes triviales, dans la bouche des grandes personnalités religieuses, cela paraît au moins mal placé. Pour les expliquer, les adeptes admettent que parmi tous les désincarnés qui peuplent le domaine de l'invisible, il y a des bons esprits sans doute, mais il y en a aussi beaucoup de mauvais, qui se manifestent sans avoir été appelés et qui jouent toute espèce de tours aux pauvres médiums. Ce sont les esprits farceurs ou mystificateurs (les larves de l'Astral des occultistes, qui peuvent s'emparer de l'intelligence des gens et s'installer en eux après une sortie du corps Astral, d'où : théorie occulte de la folie !). Nous les voyons souvent invoqués au cours de nos observations.

La malade qui a donné lieu à l'observation I offre un intérêt considérable à étudier à tous les points de vue. L'état complexe de ses différents automatismes en fait un médium de premier ordre, aussi intéressant que celui de Flournoy : Mlle Hélène Smith ; son délire entretenu par sa conscience subliminale nous offre une très belle forme du délire systématisé religieux. Nous allons examiner son observation à ce double point de vue : spiritisme et mysticisme, et nous examinerons quels rapports ces deux éléments différents affectent entre eux.

Plaçons-nous d'abord au point de vue spirite. Cam... n'a jamais fait partie d'aucun groupe, n'a jamais appartenu à aucun cercle de spiritisme et n'a jamais assisté à aucune réunion ou séance ; elle n'a donc pas subi cet entraînement spécial que subissent presque tous les médiums au début de leur carrière. Malgré cela, les différentes médiumnités se développent chez elle avec une extrême rapidité. C'est donc qu'elle est douée d'une façon tout à fait particulière de ce « tempérament médianimique » dont parle Flournoy, et qui est constitué par un état psychique consistant en une tendance à la désagrégation de la conscience avec activité automatique inconsciente. Disons tout simplement que cette malade est une *prédisposée* au sens attribué à ce mot en pathologie mentale. Son automatisme est en effet préparé de longue main : son peu de sympathie pour sa famille (et pourquoi ?) l'isole, rêveuse, éprise d'idéal, forgeant des romans chimériques en imagination, distraite elle emmagasine dans sa conscience subliminale toute une série d'idées qui plus tard renaîtront et serviront d'aliments à toutes les fantaisies délirantes qui caractériseront son état psychique postérieur (analogie avec Hélène Smith).

Tout cela éclate à la première occasion : c'est d'abord une voix psycho-motrice d'identité inconnue pour la malade, puis elle devient sujet voyant, parlant, sensitif, psychographe, mécanique, semi-mécanique ; elle est médium dessinateur et typtologue, elle revêt même la forme peu connue et pas classique de la typtologie mentale. Il est rare de voir réunies dans un même sujet tant de médiumnités à la fois. Les messages reçus sont de toute nature : révélations d'ordre privé, scientifiques, médicales, astronomiques. Elle évoque les esprits des morts et même des vivants (Nicolas II). Tout cela s'organise peu à peu, elle adopte un esprit téléologique, sa belle-mère d'abord, puis Rarahu, ensuite le divin Deus qui marque son évolution vers une extrême religiosité et la jette dans le spiritisme actif. Qu'est-ce que Rarahu ? c'est le nom d'un personnage suave d'une idylle amoureuse d'un roman contemporain, *Le Mariage*, de Loti. Cam... est convaincue qu'elle n'a jamais entendu ni lu ce nom antérieurement. Mais nous savons qu'elle a lu les œuvres de Loti ; d'autre part nous ne doutons pas de la sincérité de la malade. Ce mot, que sa mémoire consciente a oublié, est resté déposé avec bien d'autres matériaux du même genre dans le domaine de la conscience subliminale, il est passé à l'état de souvenir subconscient et sert à la reconstitution du roman dont ses hallucinations lui font part. Malheureusement ce personnage, dont son mysticisme fait de suite un personnage divin, est quelquefois bien grossier, ce qui n'est vraiment pas correct, et Cam... qui n'a pas l'idée d'inventer les esprits farceurs, trouve quand même une explication et met cela sur le compte de l'irritation causée par l'incrédulité des médecins. Voilà certainement un monsieur qu'il ne fait pas bon mettre en colère.

Notons qu'il n'y a que les grands médiums qui adoptent ainsi un esprit guide : Mlle Smith avait Léopold-Cagliostro, Mlle Couesdon avait l'ange Gabriel. Cette dernière, bien que reniée par les spirites purs, se rapproche cependant encore des médiums par ce fait que son langage automatique se déroulait généralement en vers, toujours comme le médium de Flournoy. Nous avons vu que le langage automatique de Mme Stein revêtait souvent cette forme là et qu'elle gardait une tendance irrésistible à versifier et à rimer machinalement. La forme rythmique est donc bien naturelle et spéciale au langage automatique. Beaucoup de voyants se sont exprimés et s'expriment ainsi. Les oracles de l'antiquité se sont partagés cette habitude avec les devins du moyen âge.

Rarahu-Deus n'est d'ailleurs pas le seul correspondant de

Cam....., nous avons vu qu'elle en avait toute une série qu'elle forgeait à mesure au gré de son délire et qui ont continué à se manifester pendant sa longue convalescence, entretenant les tendances religieuses et apostoliques qui ont été très accentuées chez elle, allant presque jusqu'à la théomanie complète traduisant bien la forme qu'avait revêtue la systématisation de son délire : le mysticisme (1).

A cela, en effet, l'extrême sensibilité de Cam..., son excès de sentimentalité et son besoin d'amour devaient fatalement la conduire. Il est à noter qu'au début, son éducation religieuse ayant été plus que négligée, elle ne pouvait avoir sur la religion que des données assez vagues et assez peu précises. Cela apparaît clairement dans le choix des expressions et des éléments acquis et tombés dans sa subconscience dont elle désigne et construit son système théologique une fois que la première exaltation vésanique s'est dissipée. Possédant en elle tous les éléments nécessaires à former le délire systématisé religieux : débilité de l'intelligence, érotisme intense, hallucination unique de la vue, et nombreux messages verbaux ou typtologiques, elle commence à s'initier un peu plus tard aux notions religieuses et son délire tend alors à s'affirmer en une forme réellement chrétienne et théosophique. L'élément érotique qui tient une telle place chez elle la rapproche des mystiques purs, mais son système délirant la place plutôt parmi les théosophes et rapproche assez bien son cas de celui du grand visionnaire du XVIII° siècle, si bien étudié par Gilbert Ballet : Swedenborg.

(1) Nous avons largement puisé, pour toute cette discussion, dans les notes manuscrites du Dr Boissier, que celui-ci a gracieusement mises à notre disposition et qui cadrent d'ailleurs parfaitement avec nos idées personnelles sur ce sujet.

Comme lui, Cam... après une longue période de rêveries idéales et religieuse, est tombée dans le délire hallucinatoire ; comme lui elle a eu des communications avec des désincarnés, comme lui elle a vu Dieu et causé avec lui, comme lui encore elle s'est considérée comme ayant une mission à remplir et finalement elle a regretté ses hallucinations quand elles l'ont abandonnée à la fin de sa vie. Deux points diffèrent seulement : l'élément spirite et l'élément érotique. Du temps de Swedenborg le spiritisme n'existait pas, sans quoi il n'est pas de raisons pour qu'il ne se soit pas livré à ses pratiques ; quant à l'élément érotique qui est la règle dans le mysticisme vrai, l'auteur des *Terres dans l'univers* semble y avoir échappé. Cette seconde différence trouve peut-être sa raison d'être dans la grande diversité du niveau intellectuel qui existe entre Cam... et le grand visionnaire suédois si élevé chez ce dernier, et si moyen au contraire chez notre malade, où de simples pratiques de spiritisme suffisent à produire, à plusieurs reprises différentes la désagrégation de la personnalité complète que l'on retrouve chez presque tous les délirants systématiques.

Il existe des différences et aussi des analogies entre Mme Stein et le malade qui fait l'objet de l'observation II.

Avant l'éclosion de son délire, dont les pratiques spirites paraissent avoir été la cause efficiente, on n'avait pas pu relever de troubles mentaux. Seule son hérédité est, sinon chargée, du moins sujette à caution ; quant à lui c'était un élève très intelligent et très travailleur qui était arrivé très jeune à obtenir son diplôme de docteur en médecine.

Au point de vue spirite, M. P... ne paraît pas avoir jamais été un médium remarquable, et sa médiumnité à part quelques essais de typtologie se borne simplement à de vulgaires hallucinations auditives psychiques et psycho-motrices qui font de lui un médium intuitif semi-mécanique, et les essais auxquels il s'est livré pour devenir médium écrivain ou dessinateur n'ont en somme abouti qu'à un assez piètre résultat. Nous sommes loin de la richesse des phénomènes médianimiques de Mlle Smith ou de Mme Cam... Stein.

Le spiritisme n'est donc chez lui que le point de départ de la conviction délirante ; rien jusque là n'avait pu trahir sa tendance à faire du délire, et du jour, pour ainsi dire où on le conduit à une séance, toutes les théories évolutionnistes et matérialistes, dont l'enseignement médical avait imprégné son esprit s'écroulent et disparaissent devant la conviction absolue qui s'impose.

« Il n'y a chez lui, nous disait le Dr Dheur, qui a bien examiné le malade, ni hésitation, ni doute, ni discussion ; il ne fait appel à aucune de ses connaissances scientifiques. Il voit la table remuer, et d'emblée, sans en chercher la cause logique, il admet l'existence des esprits. N'est-ce pas là vraiment une des formes de la conviction délirante, qui n'admet aucun raisonnement, et qui lorsqu'elle trouve des obstacles les franchit sans scrupules. »

Nous pensons qu'il y a là un véritable stigmate de dégénérescence, bien que le malade n'en ait pas présenté jusque-là, car plus tard, lorsque, comme tant d'autres, il constatera des résultats absolument faux et absurdes, il n'en tiendra aucun compte, et sa conviction n'en sera pas ébranlée, alors que chez un simple croyant ordinaire la constatation des mêmes faits aurait tout au moins donné à réfléchir. Il ne s'arrêtera pas davantage à des expériences dont la supercherie fera tous les frais. Il ne cherchera pas la vérité car il la connaî d'avance et ne retient que les faits qui peuvent l'ancrer plus avant dans son délire.

Nous avons toujours remarqué cet état d'esprit particulier chez les spirites, ils ne se font en général aucun scrupule d'aider par des moyens pratiques les esprits à se manifester. Ils partent de ce principe qu'ils prêchent la vérité, et que, pour la faire admettre et la faire adopter des gens dont l'esprit est dans le doute, tous les moyens sont bons.

Nous ne savons pas si on se livre à Lourdes à de pareilles supercheries ; mais, sans suspecter le moins du monde la bonne foi des croyants, si on le fait, il est fort probable que c'est par suite du même raisonnement.

Plus tard, lorsqu'on a démontré au malade les subtilités des réponses de son père, lorsqu'on a insisté sur ses défaites naïves, on a pu voir avec quelle facilité il les acceptait. Il n'avait pas un seul instant l'idée de les trouver grotesques ou insuffisantes.

Et ce n'est pas là un phénomène isolé. Presque tous les spirites ont en général un état mental analogue ; et s'ils ne sont pas considérés comme des aliénés, c'est tout simplement parce qu'ils n'ont pas encore franchi la deuxième étape, celle des hallucinations. Mais en réalité il semble absolument juste de les considérer comme de véritables délirants. Toute discussion se heurte, avec eux, à une conviction réellement pathologique en tout semblable à celle des aliénés. Il n'y a plus avec eux de raisonnement possible et il ne leur manque qu'une chose pour être semblables à notre malade, c'est l'hallucination. Celle-ci revêt chez M. P..., et revêtait déjà au début chez Mme Cam..., le caractère psychique, c'est la forme favorite des spirites, c'est aussi celle qu'on rencontre le plus fréquemment chez les mystiques. Le malade n'a entendu d'abord ses voix que dans la tête et revêtant un timbre spécial bien particulier aux esprits. Il est bien probable que le timbre de ces voix, bien qu'inconnu du malade avait été sans doute entendu par lui et lui revenait par l'intermédiaire de sa conscience subliminale.

Plus tard, les hallucinations psycho-motrices remplacèrent les hallucinations psychiques. M. Dheur a noté à ce sujet un phénomène curieux : de même que le malade, dans ses périodes d'amélioration, pouvait arrêter ses hallucinations psychiques en détournant son attention, de même il peut arrêter ses hallucinations psycho-motrices en empêchant sa langue de remuer : mais alors l'hallucination psychique continue la phrase commencée par l'hallucination psycho-motrice. Il y a là certainement deux phénomènes distincts, une hallucination d'origine motrice, et une d'origine auditive, et cette suppléance des centres, ce passage de l'une à l'autre est des plus intéressants.

Nous n'insisterons pas chez lui sur le dédoublement de la personnalité : lorsqu'il parle au nom de son père, il est certain qu'il ne reconnaît pas les idées qu'il émet pour siennes... Ignorant les résultats de l'activité de sa conscience subliminale, il reste absolument surpris et étonné des connaissances, et des prédictions de ce personnage dont il fait de suite un esprit nouveau doué d'une puissance singulièrement mystérieuse et terrible sur lui. Cependant il ne paraît pas avoir fait nettement le choix d'un esprit guide ou d'un personnage téléologique, la voix qu'il a d'abord attribuée à son père est devenue dans la suite celle d'une foule d'esprits différents.

Quant au type du délire dans lequel est tombé M. P..., il s'agit bien là encore une fois du délire systématisé religieux. En effet, il ne se sert du spiritisme que pour se rapprocher davantage de la divinité; il a la même conduite, fait les mêmes prières, les mêmes privations, les mêmes macérations que le mystique. Il a les mêmes hallucinations. Comme le mystique, il croit qu'une mission spéciale lui est réservée, il doit souffrir pour acquérir toutes les médiumnités; il doit faire des miracles pour propager la volonté de Dieu, et fondre toutes les églises en une seule. Comme le mystique il y a eu lutte chez lui, et il a été poursuivi par les mauvais esprits (démonomanie); il a eu des hallucinations sales, des tentations, comme le mystique; enfin il a cherché à faire des adeptes et s'est montré dans la suite d'une intolérance religieuse des plus manifestes. Par un point cependant il en diffère, chez lui, en effet, l'élément érotique n'est pas au premier plan; mais ce n'est pas là un fait capital; n'avons-nous pas vu que chez Swedenborg, le mystique théosophe par excellence, l'érotisme faisait défaut. Ce n'est donc pas là un fait qui doit nous surprendre, surtout si l'on réfléchit qu'il s'agit d'un homme marié, spirite sans doute, mais qui n'allait pas chercher dans la religion de sensuelles consolations à des désirs inassouvis.

Dans les deux observations que nous venons de discuter, l'éclosion des manifestations délirantes s'est faite avec une très grande rapidité. Quelques séances de spiritisme, quelquefois une seule, suffisent pour provoquer des phénomènes automatiques et souvent pour amener l'éclosion des hallucinations psychiques, c'est-à-dire les deux grands faits qui serviront de base au malade pour élaborer ses conceptions délirantes. Il est certain que dans ces cas-là, et dans tous les cas analogues, il s'agit de la part de ces malades d'une véritable prédisposition individuelle que confirment presque toujours des antécédents héréditaires plus ou moins chargés. Ce sont des dégénérés, et cette tendance à l'automatisme, c'est-à-dire à la désagrégation de la personnalité doit être considérée comme un signe certain de dégénérescence. Il n'en est pas toujours ainsi, et certaines de nos observations le prouvent facilement. La malade de l'observation VI qui nous a été communiquée par M. le docteur Vigouroux en est un exemple. En effet, du moment où elle assista à sa première réunion de spirites jusqu'au jour où elle acquit sa médiumnité, de 1880 à 1888, il se passa huit ans pendant lesquels elle assista régulièrement deux fois par semaine aux séances avec son mari, et, seule chez elle ou avec ce dernier, elle cherchait encore à obtenir des communications avec les esprits. On voit donc avec quelle lenteur se sont développées chez elle les hallucinations qui en ont fait une délirante. Mais aussi, reportons-nous à ses antécédents : on ne trouve chez elle pas trace de dégénérescence ; avant son mariage, elle a mené la vie la plus calme, la plus paisible et la moins excentrique qu'il soit possible de mener. Il est plus que probable, nous pouvons même dire il est certain, que si sa voisine ne l'avait pas conduite dans un cercle de spirites, la malade aurait continué à mener sa petite vie calme et tranquille et n'aurait jamais songé à faire du délire.

Une fois celui-ci constitué dans la conscience subliminale du sujet tous les troubles éclatent absolument analogues à ceux de nos deux premiers malades. Elle devient médium intuitif et visuel, et ne tarde pas à faire des idées de persécutions. On l'interne et son délire évolue à l'asile vers le délire mystique. Elle a des hallucinations de la vue et de l'ouïe, les bons esprits la réconfortent et l'aident à soutenir la lutte contre les mauvais, elle se croit une mission du ciel et son unique désir est de quitter son asile pour aller au dehors répandre et propager la foi spirite.

Chez elle, donc, le point de départ et le début sont différents mais après les étapes successives parcourues par le délire, elle aboutit au même point, le délire systématisé religieux. La malade n'était pas une dégénérée sans doute, mais sinon vraiment débile, son intelligence ne lui a pas cependant permis de raisonner les faits qui se déroulaient devant elle et une fois prise dans l'engrenage son délire a évolué normalement.

Chez notre malade de l'observation III on ne note pas non plus de tare dégénérative. Ce n'est évidemment pas un intellectuel, mais ses antécédents héréditaires sont normaux, et la première partie de sa vie, jusqu'à cinquante ans, s'est écoulée d'une façon normale, et cependant c'est d'une façon très rapide que s'est développé chez lui l'automatisme psychologique et que sont survenues les hallucinations. Examinons-le de près : dans sa jeunesse il a eu suffisamment d'histoires de femmes pour prouver qu'il était porté sur le sens génésique plus qu'on ne l'est normalement ; c'est une femme qui lui fait quitter le séminaire, et c'est une femme qui le fait partir de l'armée. De plus, il nous a avoué qu'il en avait toujours été très amoureux. Ne le voyons-nous pas à cinquante-deux ans s'éprendre d'une jeune femme rencontrée dans les milieux spirites, se marier et partir en Algérie avec elle. C'est même cette circonstance qui nous le fit perdre de vue. De plus, les signes physiques que l'on constate chez lui donnent beaucoup à réfléchir. Ils ne sont pas constants, l'inégalité pupillaire varie d'un jour à l'autre, les réflexes ne sont pas normaux sans qu'on puisse leur établir une manière d'être permanente; une fois nous avons constaté le signe d'Argyll Robertson qui ne s'est pas maintenu. Nous avons donné l'état de sa sensibilité qui se traduit par des zones d'anesthésie, remplacées un jour après par de l'hyperesthésie. Pour ces motifs, attendu que dans la vie cet homme est normal, on ne peut guère poser fermement le diagnostic d'hystérie ; cependant il est à noter que l'idée en vient à l'esprit.

Dans tous les cas il y a quelque chose d'anormal, et ce quelque chose peut bien être de l'hystérie. Cela ne semble-t-il pas suffisant pour expliquer la rapidité avec laquelle se sont développés les troubles spirites et tout le délire consécutif. Cet homme a eu des hallucinations psychiques et auditives, des visions, des troubles de la sensibilité générale et sexuelle, il a attribué tout cela aux esprits. Ses voix d'ailleurs le lui disent ; à un moment donné le mysticisme l'envahit presque, mais il ne se laisse pas aller, il réagit car il s'aperçoit que ses voix ne lui disent rien de vrai et son caractère de mission s'efface. Il ne reste qu'une chose chez lui, ce sont ses idées de persécution qui correspondent à ses hallucinations de la sensibilité générale et à ses troubles génésiques. Il avoue très bien qu'il se croit sous l'influence fluidique des esprits, et certainement, malgré les dénégations qu'il nous oppose, il reste constitué chez lui des idées de persécution qui ont été consécutives à ses pratiques spirites, seul le mysticisme n'a pas évolué.

Nous avons d'ailleurs deux autres malades que nous pouvons rapprocher de celui-là ; le premier est le malade de MM. Gilbert Ballet et Monnier-Vinard (obs. VII) et celui de

M. le professeur Joffroy (obs. XI) chez eux le délire a évolué à la façon des persécutés-persécuteurs. Le premier paraît atteint d'un certain degré de débilité mentale, il est superstitieux, se fait examiner les lignes de la main et tirer les cartes et croit à toutes ces niaiseries. Chez lui, nous notons un fait curieux : les esprits s'étaient manifestés à lui avant qu'il eût connaissance des théories spirites, ses phénomènes automatiques s'étaient développés spontanément, sans qu'il eût besoin d'entraînement, alors que c'est généralement l'inverse qui se produit. Ce n'est qu'après coup qu'il se rend dans des cercles spirites où l'on ne manque pas de le proclamer grand médium ! Et dès lors tous les phénomènes du délire habituel des spirites se déroulent : hallucinations multiples et différents automatismes. Chez lui les idées de persécution prennent tout d'abord une place prépondérante sous l'influence des esprits qui le guident. C'est sa femme qui lui cause le plus souvent, mais ils ne sont pas toujours d'accord ; il l'injurie et elle le tourmente, et, poursuivant son délire, il commence une série de démarches auprès des tribunaux et de la police pour faire poursuivre la cartomancienne qui le fait ainsi obséder.

Petit à petit, cependant, au milieu de ses hallucinations multiples et de ses idées de persécution, le mysticisme se fait jour : à l'aide de longues prières il éloigne les esprits méchants. Peu à peu des esprits, d'abord indifférents, puis favorables, se mêlent aux premiers puis les remplacent ; on lui donne de bons conseils.

Mais ces phénomènes ne durent pas et les mauvais esprits reprennent définitivement le dessus, comme pour notre malade (obs. III). Ils lui donnent des coups de fluide qui l'atteignent dans les testicules, et le rendent incapable de tout acte sexuel.

Entre temps ses hallucinations de la sensibilité générale prennent le caractère de sensations de lévitation... il se sent transporté dans les airs... Il en conclut d'ailleurs aussitôt qu'il visite des planètes. Cela est accompagné de grandes visions, dans lesquelles il voit des personnages et des paysages planétaires, il voit aussi Jésus et la Vierge Marie, mais ils ont l'air, dit-il, « de se ficher de lui ».

Ce qui reste donc de plus stable dans le délire assez touffu de ce malade, ce sont ses idées de persécution, auxquelles le spiritisme est venu apporter un appoint nouveau, et qui nous semblent, tout au moins par la suite, s'être développées et entretenues avec lui.

Le second malade (obs. XI) n'a présenté aucun phénomène médianimique, il est resté un persécuté-persécuteur typique, délire qui est né et entretenu de toutes pièces par l'exaltation très grande de sa personnalité, lequel phénomène était consécutif, sinon à des pratiques, du moins à des théories occultes.

L'observation VIII nous montre une malade atteinte de dégénérescence mentale, la chose n'est pas douteuse, chez elle les pratiques spirites ont été la cause occasionnelle de l'apparition d'un délire intense accompagné de violentes crises d'excitation, avec cauchemars terribles et visions terrifiantes. Elles n'ont constitué que le début à la suite duquel elle a présenté des phénomènes automatiques. Elle aussi travaille pour fonder une religion universelle ; très hallucinée et en même temps très réticente, nous n'avons pas pu obtenir d'elle de grands renseignements et son transfert s'est opéré trop tôt pour que nous ayons pu la suivre et observer l'évolution de son délire.

Il nous reste quelques mots à dire de l'observation IX. Il est certain que ce malade est atteint à un degré très avancé de dégénérescence mentale ; il a une lourde hérédité névropathique; et avant toutes ses manifestations spirites, il était atteint d'une névrose caractérisée par de grandes phobies. Il avait à chaque instant la crainte de se précipiter du haut des fenêtres et des ponts, et lorsque la vésanie s'est installée chez lui, il n'est pas impossible que cette image du suicide jadis tant redouté ait pu se fixer dans son travail subconscient où elle s'est alors traduite plus tard par des impulsions à ces mêmes actes. Chez lui il semble que le délire spirite n'ait été qu'un épisode établissant la transition entre son état de névrose antérieur et son délire vésanique actuel qui le porte sans cesse à des tentatives de suicide ou même à des impulsions homicides quand il obéit à ses hallucinations.

Un des dangers du spiritisme réside précisément dans cette haine de son corps assez commune aussi chez le mystique ordinaire, haine de soi qui le conduit à des privations et à des mutilations volontaires et au suicide, quand il n'y est pas mené par les simples injonctions de ses voix. Nous avons d'autres exemples de ce fait : la malade de l'observation V reste dix jours sans manger, c'est une spirite mystique, le malade de l'observation II fait, sous l'influence de ses voix, plusieurs tentatives de suicide et à différentes reprises. Quoi qu'il en soit, nous retrouvons là les mêmes caractères que dans la plupart de nos observations. Le délire médianimique est constitué par un dédoublement très net de la personnalité et des hallucinations qui le conduisent au mysticisme.

Résumons en quelques lignes, en généralisant les quelques remarques que nous avons tirées de l'examen de nos observations.

Existe-t-il un délire spécial caractérisé par des phénomènes de médiumnité ? Nous ne le pensons pas. En général, quelle que soit leur marche, ces délires à forme médianimique sont toujours caractérisés par un dédoublement bien net de la personnalité que les malades traduisent par des idées et des mots très expressifs. Ces malades ne constituent évidemment pas un groupe distinct à classer à part. Au mois de mai 1903, lors de la première discussion à la Société médico-psychologique, M. le Dr Christian, rapprochant les observations communiquées, de celles publiées jadis par Esquirol sur des délires de possession, voulait les incorporer parmi les démonomanes. Il est bien certain que plusieurs d'entre nos malades présentent des manifestations analogues à celle des anciens cas de démonopathie. Cependant parmi ce dernier genre de malades, les sujets sont loin d'appartenir tous à la même classification. Parmi les possédés en effet, les uns sont mélancoliques, les autres des persécutés chroniques, il en est qui sont des obsédés et il en est enfin des mystiques. Les spirites, au contraire, à part de rares exceptions (et nous en avons cité), ne sont particulièrement caractérisés que par la forme spéciale de leurs éléments délirants. Tous ou presque tous revêtent les mêmes caractères fondamentaux qui sont les suivants : éléments de dégénérescence ou de débilité mentale, hallucinations psychiques et désagrégation de la personnalité, croyance en la réalité d'êtres surnaturels qualifiés d'esprits, obéissance passive à leurs hallucinations, érotisme, idée de mission apostolique, bref presque tous les caractères qui constituent le délire systématisé religieux ; on doit donc les classer avec la plupart des démonomanes, et les théomanes raisonnants dans la famille des délirants mystiques. Leurs hallucinations et par conséquent leur délire consécutif se développent plus ou moins vite, selon leur plus ou moins de prédisposition individuelle, mais dans la grande majorité des cas il aboutit là.

Nous n'insisterons pas sur le terrain sur lequel évolue ce délire, il est connu. Dégénérés, débiles de toute nature ou tout au moins prédisposés manifestes, tels sont les lieux d'élection de presque tous les délires systématisés ; chez les uns le spiritisme est l'élément primitif qui sert de champ d'exploitation à la vésanie, chez les autres, il n'est qu'un élément surajouté à un délire existant précédemment et dans lequel le malade trouve un aliment nouveau pour l'entretenir.

Nous terminerons cette série de remarques en adoptant la classification suivante qui est à peu près celle du Dr Boissier, et aussi celle du Dr Dheur.

Les troubles mentaux chez les spirites peuvent se présenter sous deux modèles différents.

1° Le délire vésanique (systématisé mystique) revêt la forme médianimique, et constitue sous cette forme toute la maladie dont les éléments symptomatiques sont représentés presqu'exclusivement par ceux de la médiumnité elle-même (Obs. I, II, III, IV, V, VI, X), c'est la forme la plus fréquente.

2° Les aliénés qui dans un délire systématisé quelconque, font intervenir le spiritisme, lequel constitue pour eux une source nouvelle où ils puiseront des aliments nouveaux nécessaires à l'entretien de leur délire (Obs. VII, VIII (?), IX).

Nous faisons rentrer dans cette catégorie les cas dans lesquels le spiritisme constitue le début d'une psychose grave qui revêtira dans la suite une forme différente, de même que ceux dans lesquels il ne constitue qu'un épisode surajouté à la vésanie déjà existante. Ce délire marque alors un progrès nouveau accompli dans la désorganisation psychique du sujet, et peut même constituer le mode naturel de terminaison de certaines médiumnités. Ce fut le cas de plus d'une célébrité du spiritisme (1).

(1) Home, et ceux que cite sans les nommer ALLAN KARDEC dans le livre *Des médiums*, p. 310 (note du Dr Boissier).

CHAPITRE V

Le spiritisme danger social.

Nous avons vu que le spiritisme, qui à l'heure actuelle s'intitule une véritable religion, n'était que l'expression moderne d'une tendance, nous dirons plus, d'une véritable passion dont l'esprit humain n'a jamais pu se débarrasser, la passion du merveilleux.

S'agit-il là du besoin de savoir, de donner une explication à la masse des phénomènes qui nous entourent et dont la science prudente, qui poursuit ses recherches dans le silence des laboratoires, n'a pas encore donné la solution. C'est possible. Toujours est-il que, pendant cette époque présente, où le monde hausse les épaules et sourit d'incrédulité au récit des vieilles histoires d'alchimie, de satanisme ou de sorcellerie, les mêmes gens acceptent avec une crédulité naïve et excessive les plus étranges phénomènes que nous offrent chaque jour les médiums et les occultistes qui, s'ils ne sont pas d'habiles escrocs ou de facétieux fumistes, sont de véritables aliénés, plus justiciables des asiles ou des maisons de santé que des autels du spiritisme.

Pour se rendre compte de l'énorme extension qu'ont prise en ces dernières années les pratiques spirites et occultes, faisons un peu de statistique : la presse occultique comprend cent trente revues et périodiques divers, dont une trentaine paraissent en France et seize dans l'Amérique du Nord —

l'un d'entre eux, le *Banner of ligt* possède à lui seul plus de quatorze mille abonnés. Sans compter les autres occultistes, il y a plus de vingt-deux mille spirites à Buenos-Ayres. D'ailleurs le spiritisme qui est la forme la moins spéculative et la plus expérimentale des sciences occultes est celle qui possède le plus d'adeptes. Il y a dans les deux mondes près de douze millions de spirites, dont dix dans le nouveau continent. En France on en compte près de quarante mille, dont près de trente mille sont à Paris. Ces chiffres ont été directement enregistrés par le « Groupe indépendant d'Etudes ésotériques » (1). Et le congrès qui s'est tenu à Paris en 1889 comprenait un peu plus de quarante mille spirites venus un peu de tous pays.

En présence d'un tel développement, il semble bien qu'il y a lieu de se demander, pour l'homme qui, sain d'esprit et observateur consciencieux, ne laisse pas entraîner sa conviction sur de simples apparences, s'il n'y a pas là un véritable danger social. Nous avons vu, et tout cet ouvrage le prouve, que le spiritisme pouvait entraîner la folie. Nous avons vu que les phénomènes de médiumnité n'étaient que des faits d'automatisme psychologique, amenant presque fatalement des hallucinations, et qui ne sont eux-mêmes que des manifestations d'une grande névrose bien connue. Et en somme il n'y a pas à douter que l'état des malades dont nous avons publié les observations ne soit que l'exagération de l'état ordinaire des spirites les plus modestes que l'on rencontre partout.

Il y a donc vraiment là un danger, et en voici la raison :

L'entraînement méthodique à la médiumnité, peut déve-

---

(1) GEORGES VITOUX, *Les coulisses de l'au-delà*. Paris, Chamuel, 1901.

lopper l'automatisme psychologique, d'où le dédoublement et même la désagrégation complète de la personnalité; et comme conséquences, nous notons :

1° L'éclosion de la névrose.

2° Le réveil, l'aggravation, la systématisation, chez certains prédisposés, d'une tendance à la vésanie, de telle sorte qu'un grand nombre de délires évoluent à la suite de pratiques spirites, alors qu'une vie régulière et bien dirigée aurait réduit cette tendance vésanique au silence, on l'aurait tout au moins ramenée à de favorables proportions.

3° Enfin, même chez des personnes équilibrées, mais dont la culture intellectuelle ne leur permet pas de raisonner les faits, ces pratiques amènent presque toujours une sorte de trouble malsain un certain malaise moral, que la santé publique a toujours intérêt à ne pas voir apparaître.

En présence de ces faits, il nous semble que c'est un devoir pour le médecin aliéniste d'abord et pour toute personne soucieuse de l'hygiène morale, de ne pas voir s'étendre et se développer les pratiques du spiritisme, aussi bien que de chercher par tous les moyens possibles à enrayer les progrès accomplis du mal.

Pour cela il semble bien nécessaire de faire sentir les dangers qui en résultent, non seulement à tous ceux qui y ont accordé leur croyance, mais encore à tous ceux qui n'y ajoutent pas de conviction réelle et ne voient dans ces pratiques qu'un simple et innocent jeu de société.

CONCLUSIONS

Il n'y a pas à faire un chapitre spécial dans la pathologie mentale sur les délires consécutifs aux pratiques du spiritisme.

Parmi les médiums on peut distinguer trois catégories.

I. — Les dupeurs et les escrocs qui ne font du spiritisme qu'une affaire d'exploitation ; ils sont justiciables des tribunaux.

II. — Des aliénés qui, dans un délire déjà plus ou moins systématisé, font intervenir le spiritisme et y puisent alors de nouveaux éléments pour alimenter leur vésanie délirante.

III. — Des individus portant déjà le sceau de la dégénérescence ou de la débilité mentale, et pour lesquels, dans certains cas, le spiritisme n'est que la cause occasionnelle de l'apparition du délire.

Ce délire qui n'est constitué que par des phénomènes médianimiques, n'est autre chose qu'*un délire systématisé mystique* (1).

C'est là du moins la forme la plus fréquente ; parfois on n'a que des interprétations délirantes, les hallucinations pouvant manquer. Les réactions qui en sont la conséquence amènent alors l'éclosion d'un délire systématisé, analogue à celui des persécutés-persécuteurs (2) ; c'est, ainsi que l'a dé-

(1) JOFFROY, Délires systématisés spirites. *Arch. gén. de méd.*, 1904, p. 228.
(2) JOFFROY, loc. cit., p. 89.

montré M. le professeur Joffroy, la forme la plus rare.

Le spiritisme est chose nuisible, en ce qu'il favorise l'éclosion de ces délires ; d'où nécessité pour le médecin d'en montrer les inconvénients, d'en faire ressortir les dangers, et d'entrer en lutte avec lui.

BIBLIOGRAPHIE

Th. Flournoy. — 1° *Des Indes à la planète Mars*. Etude sur un cas de somnambulisme avec glossolalie, 2ᵉ éd., Paris, Alcan, 1900.
— 2° Nouvelles observations sur un cas de somnambulisme avec glossolalie (Extrait des *Archives de Psychologie de la Suisse Romande*, t. Iᵉʳ n° 2, 1901, et à Paris, chez Alcan, 1902).
Grasset. — *Le spiritisme devant la science*, Paris, Masson, 1904, 2ᵉ éd.
P. Janet. — 1° *L'automatisme psychologique* (Bibliothèque de philosophie contemporaine), 2ᵉ édit., Paris, 1894, Alcan.
— 2° *L'état mental des hystériques*, Paris (Bibliothèque Charcot-Debove), 1894.
Albert Coste. — *Phénomènes psychiques occultes. Etat actuel de la question*, 2ᵉ éd., Montpellier, Cardel et fils, 1894.
Dʳ Surbled. — *Spirites et médiums. Choses de l'autre monde*, Charles Amat, 1901.
Jules Bois. — *Le monde invisible*, 1902.
Max Well. — *Phénomènes psychiques*, recherches, observations, méthode (Bibliothèque de philosophie contemporaine), 1903.
P. Janet. — Divination par les miroirs, *Bulletin de l'Université de Lyon*, juillet 1897.
G. Ballet. — *Swedenborg*, Paris, Masson, 1899.
B. Ball. — La folie religieuse, in *Leçons cliniques sur les maladies mentales*, Paris, 1887.
A. Vigouroux. — Spiritisme et folie, *Presse médicale*, août, 1899.
— Les délires de Rêve, *Archives générales de médecine*, janvier, 1903.
A. Marie. — Mysticisme et folie. *Arch. Neurol.*, 1899.
Yvert. — *Des délires religieux*, th. de Paris, 1899.
Joffroy. — Cliniques sur les délires systématisés spirites, *Archives générales de médecine*, janvier, 1904, n°ˢ 2 et 4.
P. Dheur. — *Les hallucinations volontaires*.
Gilbert Ballet et Dheur. — *Sur un cas de délire de médiumnité*.
Gilbert Ballet et Monnier-Vinard. — Sur un cas de délire de médiumnité, *Société médico-psychologique*, avril 1903 (*Annales médico-psychol.*)

Stanislas de Guaïta. — *Essais de sciences maudites*, Paris, Chamuel, 1897.
Seglas. — *Leçons cliniques sur les maladies mentales*, recueillies par Henry Meige.
Dr Surbled. — *Spiritualisme et spiritisme*, 1898 (Dourniol).
Fr. W. H. Myers. — *Human personality*, Londres, 1903.
Adolphe Franck. — *La Kabbale ou la philosophie religieuse des Hébreux*, Paris, Hachette, 1843.
Murisier. — Sentiment religieux dans l'extase, in *Revue philosophique*, n°s 11 et 12, 1898.
Moreau de Tours. — 1° *La Psychologie morbide*, Paris, Masson, 1857. — 2° Identité de l'état de rêve et de la folie, *Annales médico-psycholog.*, 1855.
Gilbert Ballet. — *Rapports de l'hystérie et de la folie*, Congrès de Clermont, 1894, comptes rendus.
Georges Vitoux. — *Les Coulisses de l'Au-delà*, Paris, Chamuel, 1901.
Alfred Russel Wallace. — *Les miracles et le moderne spiritualisme* (Librairie des sciences psychologiques), Paris, 1892.
Edm. Gurney. — Stages of hypnotic memory (*Proceedings S. P. R. 1887*).
Salverte. — *Des sciences occultes*.
Ed. Schuré. — *Les grands initiés de l'antiquité*.
Fabre d'Olivet. — *La langue hébraïque reconstituée*, Paris, 1815.

TABLE DES MATIÈRES

Avant-propos	5
CHAPITRE PREMIER. — Le spiritisme et le merveilleux.	9
CHAPITRE II. — Observations	19
CHAPITRE III. — Origine du délire médiumnique	99
CHAPITRE IV. — Constitution et forme du délire chez les spirites	108
CHAPITRE V. — Le spiritisme danger social.	128
Conclusions	131
Bibliographie	133

Imp. J. Thevenot, Saint-Dizier (Hte-Marne).